U0015242

日本最高人氣行進樂隊

橘色惡魔的弱弱指導法

オレンジの悪魔は教えずに育てる

田中宏幸——著
龔婉如——譯
范家銘——審訂

前言

聽到「你要加油」這句話，真的能發自內心努力嗎？

被人要求「笑一下」才笑的話，擠出來的笑容並不是真的。

因為我一直這麼認為，所以從不要求任何人「笑一下」。

我們不是因為被人要求「你要加油」才努力，而是發自內心想要努力，所以努力。

因為我知道這件事，所以從不對人說「你要加油」。

如果領導者發出「要主動努力」這樣的指令，那麼不管下面的人怎麼樣努力，都不再是主動的行為。

「讓人動起來」只是一種自以為是的想法，就算這個人真的起而行了，得到的成果應該也不會是最好的。

有些人採用「激發學生、下屬的動力」這樣的指導法，但說到底「動力」應該是打從心底自然湧現才對，而不是靠他人提醒。

不教導。

不下指令。

不接近。

不過問。

以上四點是我過去二十三年來歸結出培育學生自主的指導法。乍看之下沒什麼特別，但卻是非常重要的秘訣，可以讓每個學生充分發揮與身俱來「自己動腦思考」的能力。

促使我培育出這套指導法並具體實踐的對象，是京都橘高中管樂社。

對許多人來說，或許更熟悉「**橘色惡魔**」這樣的說法。

京都橘是全日本行進樂隊大賽的熟面孔，二〇〇七年起連續三年進入全國大賽，並於二〇〇八年、二〇〇九年、二〇一五年獲得金牌。參加ＮＨＫ教育台「同學表演秀（School Live Show）」節目，於管樂爭奪賽中獲得優勝。美國的玫瑰花車遊行每年吸引高達一百萬名觀眾參觀，京都橘是日本唯一且數次獲邀參加的團體。

就算不列出這些數字，只要說到日本電視台「一億人的爆笑大質問！管樂之旅」，以及出現在福山雅治為第一〇〇屆全國高中棒球選手權大賽所創作的歌曲〈甲子園〉，該支音樂錄影帶裡的「跳躍的行進樂隊」，應該就會有很多人想到「啊！就是那個京都橘！」。

福山雅治
〈甲子園〉Special Trailer

為了幫助讀者更了解橘色惡魔的演出，書中多處附有QR碼連結，可以連結到無侵權疑慮、由影片持有人所上傳的影片。（若影片連結遭所有權人移除或失效，還請見諒。）

也有許多人透過 YouTube 認識京都橘，並且在看過這種「演奏的同時不斷跑跳、舞蹈」的模樣後，紛紛表示：「簡直跟運動沒兩樣！」、「不可思議！」、「看完後感覺好有精神！」因此吸引海內外許多忠實粉絲，甚至許多影片創下超過一千萬次觀看次數。

二十三年來與橘色惡魔共同培育出的成果

擔任京都橘高中管樂社的顧問二十三年以來，我培育了一千名「橘色惡魔」。

本書將以京都橘高中管樂社經歷挫折與成長的故事為基礎，向各位介紹培育年輕人才和團隊的方法。

我所提出的這套指導法，有以下兩大主軸。

❶「不教導的指導法」

❷由弱者教導弱者的「弱弱指導法」

❶就如同剛才所提，是一種不教導、不下指令，讓孩子自己動腦思考，自主採取動作的指導法。

但這個方法套用在「一個指導者 vs. 團隊中有許多還在成長的成員」，是很難實踐的。因為實際上我沒有辦法照顧到每一個成員，就算真的做得到，整個團隊也不一定能獲得好成果。

因此，我想出了❷「弱弱指導法」。

「弱弱指導法」是本書的核心，由弱者（學生）指導弱者（學生），其實也就是「『不教導的指導法』的進化版」。

就算我不過問、不插手，學生也能教導學生、互相拉拔，最終成為最強的團隊。

如果說「不教導的指導法」可以培養個人自律的習慣，那麼「弱弱指導法」培養的就是團體自律。

當團體產生自律，就能帶動個人的自律，產生成長的正向循環。

如果只想單純將知識或技術灌輸給孩子，那麼採取「教導」這樣的態度就夠了。父母、老師、主管將「必要的東西」灌輸給孩子、學生、部屬。灌輸的內容如果是很基本的事情或社會規範，確實只要讓他們單方面接受即可。

但如果一個人不加思索地完全接受別人所給，是無法茁壯的。無法超越父母、無法超越老師、無法超越主管——這難道是指導者所追求的嗎？

「年輕人是國家未來的主人翁，希望他們茁壯成長、超越自己。」不管教導者的立場為何，我想這都是大多數人的心願。

如此一來，能夠以「教導」之名將知識強塞給孩子，最多就是到國中為止而已。面對已經是半個大人的高中生，我深切地體會到「不教而育」的重要。如果對象是已經出社會的成年人，那更是不在話下。

這麼說或許有點結果論，「不教導才能培育出人才」是我做為指導者在這二十三年來透過經驗所獲得的結論。

學生發自內心展露笑容，而非教練或顧問所要求

有一個詞常被人用來形容成軍於九〇年代的橘色惡魔，那就是「橘式笑容」。到了現在，更是已經演變為京都橘高中的代名詞。而橘色惡魔所展現的，則是「全世界最耗體力的行進樂隊」。

在古巴拉丁風格曲目中盡情演奏的小號們、迪吉・葛拉斯彼（Dizzy Gillespie）的〈Manteca〉、快節奏的〈El Mambo〉、已經成為京都橘固定曲目的〈Sing, Sing, Sing〉與〈Swing, Swing, Swing〉合而為一的絕招……，橘色惡魔在這些旋律中輕快地跳躍、止步又彈跳而出，踢腿抬腳地舞著，動作非常激烈。

KYOTO TACHIBANA HIGH SCHOOL
GREEN BAND -PASADENA BANDFEST
- ROSE PARADE 2018 GROUP

詳細情形將在後文中向各位介紹。總之，行進樂隊講究的就是所有成員的動作整齊劃一，絕不允許半吊子的動作。

「他們居然含著樂器跳舞！如果是我，一定會撞斷牙齒。」

「他們不是樂手，根本是運動選手。」

「太神奇了！」

不管是大阪、東京，夏威夷還是亞特蘭大，無論在哪裡演奏，總會聽到各種感動，甚至是驚訝的聲音。而橘色惡魔從頭到尾臉上都露出燦爛的「橘式笑容」。

人稱關西行進樂隊大師的山本富男老師，曾經這樣評論京都橘的笑容：「其他學校的學生只有在樂器離開嘴巴的那一瞬間擠出笑容，但京都橘的學生卻可以在演奏的同時，上半部表情還帶著笑意。」

不論表演內容多麼困難、多麼激烈，京都橘都不會忘記展現發自內心的笑容。學生們自己也非常引以為榮，將此視為樂隊的傳統，不斷向下傳承。

橘色惡魔畢竟只是普通高中生，不是專業藝人，無法在正式演出時突然擠出笑容，所以平時練習時就會隨時留意必須面帶笑容。但剛進社團的一年級把所有力氣都用在演奏上，根本沒辦法兼顧行進的動作，更別說是笑容了。

即使如此，身為顧問的我，也從來沒有對學生說過「要記得笑」這樣的話。

雖然行進部分的教練曾經告誡過學生「表情太硬了！」，但其實一年級的笑容是由高年級負責培育的。

拚了命地練習到滿身大汗，就算是高年級也非常難熬。特別是管樂社的大型活動都集中在夏季到秋季這段時間，四月剛開始練習，過完黃金週之後就要面臨酷暑的挑戰。

高年級自己都好不容易才擠出笑容，還要一邊叮嚀新生「要記得笑！」，這就是由身為弱者的學生，指導同樣是弱者的「弱弱指導法」。

當然，弱弱指導並不像童話故事般順利美好。剛加入的一年級根本還沒完全適應社團，加上面臨技術上的難關，每個人都極度疲憊。即使被學長姊要求「要記得笑！」，但每個人除了強忍住淚水之外，什麼都顧不了。在這樣的狀況下，大家還是努力想擠出笑容，結果整張臉都歪了，笑起來跟哭沒兩樣。

這種哭笑不得的表情，後來慢慢產生了變化。因為高年級不斷鼓勵，低年級為了不辜負學長姊的期待而不斷努力。慢慢地，終於可以不必靠學長姊鼓舞，就能自然展現出笑容，到了這個時候，整個隊伍就會變得更強。這就是弱弱指導的本質。

京都橘的粉絲之中，或許有些人會覺得納悶：「弱弱指導？那麼有活力又充滿能量的橘色惡魔會弱嗎？」確實，橘色惡魔總是展現出活力四射的演技及演奏，絲毫沒有「弱」的感覺。

但這並不是因為他們本來就很強。每個剛進入社團、甚至跟不上練習的新生，都是在高年級的帶領之下變得越來越強；而高年級也是這樣慢慢變強的。

不過，高年級生畢竟只是高中生，根本無法和成年人相比——也因為如此，我認為他們比身為強者的成年人，更懂得如何指導身為弱者的新社員。

社團是一個非常特殊的場域，即使身為「權力者」的教練或指導老師，對學生下達「給我擠出笑容！」這樣的命令，學生也絕對做不出雙眼、眉毛甚至是下巴都帶著笑意的「橘式笑容」。

只有當事人真正感覺開心的時候，才能展露出笑容。

站在同樣身為演奏者的立場，「只有自己開心，才能讓觀眾開心」是我最根本的想法。

希望哪些人閱讀此書？

因為由弱者教導弱者，才能孕育出不可動搖的堅強實力。

因為由弱者照顧弱者，才能造就由衷的自然笑容，並產生自信與實力。

弱弱指導帶來了神奇的效果，讓每個人閃耀著光芒，充分展現在京都橘的表演。事實上，除了行進樂隊的指導，這個方法同樣可以運用於任何領域。

例如：

- 不知道如何指導年輕員工的人
- 團隊經營者
- 帶領服務業、販售業等以女性成員占多數的團隊
- 希望打造尊重多元的團隊
- 希望下屬、後輩具備挑戰自我的能力的人

若是商務人士有以上需求，應該可以從書中找到立即能派上用場又持續有效的具體方法。不論你是帶領年輕人的年輕主管，還是苦於「實在搞不懂現在的年輕人」而不知如何是好的資深領導者，相信都能在我與「年輕惡魔」——也就是十五歲至十八歲這個年齡的青少年——的相處過程中，得到某些啟發。

再加上京都橘以前是女校，因此「橘色惡魔」幾乎都是女性。該如何兼顧公平與無微不至的關照？嚴格與溫和該如何拿捏分配？這些問題都曾讓我傷透腦筋。

本書所介紹的，是我從多年的經驗中集結而成的女性指導法。任何組織都會遇到近幾年討論度非常高、但其實更早之前就已存在的多樣化、性別平等問題，在組織或團隊中應該如何看待這些問題？或許本書就提供了一個思考的切入點。

此外，我的本分終究還是教育工作者兼音樂家，因此也很推薦以下這些人閱讀此書。

● 教師、教練等教育相關從業人員

● 希望自己的孩子能主動思考並採取行動的家長
● 希望為年輕學子在管樂合奏、行進樂隊等音樂領域盡一份力的人

二十三年來，我與京都橘的家長們彷彿共同演出一般，合力走過不算短的歲月。

希望本書能提供全國老師和家長在教育或指導時的參考。身為作者，沒有什麼比這更感欣慰的了。

那麼，就讓我們進入主題吧。

二〇二〇年冬　　京都橘高中管樂社前顧問、管樂指導者　田中宏幸

前言 3

第一章

明明那麼努力練習，全國首屈一指的行進樂隊強校，為什麼陷入低潮？

第二章

艱難的時候，身為非魅力型領導者忍住不要出手指導、不要出聲時能做些什麼？

第二章

有點弱的前輩教導比自己更弱的後輩而變強，「弱弱指導法」開啟了前方的道路！

第四章

為了讓孩子們自己思考並採取行動，需提供怎麼樣的協助
「弱弱指導法」秘笈

第五章

只有這裡才能體會到的經驗！
完美的策劃是身為領導者的職責

CONTENTS 目次

第
一
章

明明那麼努力練習，
全國首屈一指的行進樂隊強校，
為什麼陷入低潮？

黃金時代的「結束與開始」

拿下大滿貫的那一晚

「這樣的榮景應該不會持續太久……」

學生、家長與校方都沉浸在慶祝的狂歡中。雖然我也出席了慶祝會，和大家一起同樂，但心裡卻有股冷冷的情緒向下沉，像顆小石子墜落。

一九九八年秋季。京都橘高中管樂社拿下九六年、九七年、九八年連續三年參加全國大賽的資格，連續在九場大賽中得到第一名，三年都拿下大滿貫。京都大賽、關西大賽、全國大賽這三場例行賽事都獲得所有評審一致通過，可說是大快人心的壯舉。

這是京都橘高中管樂社自一九六一年四月成立以來最好的成績，稱得上是京都橘的黃金時代。我們建立起「提到行進樂隊就想到京都橘」這樣的地位，就連當時擔任全日本管樂聯盟理事長的酒井先生都說：「京都橘可說是管樂聯盟心目中理想的頂尖樂隊」。

行進樂隊是管樂的一種形式，源自土耳其及歐洲的軍隊和鼓旗隊，是一種一邊行進，一邊演奏的樂隊。

行進樂隊翻譯自英文的 marching（行進）band（樂隊），具有各種不同的演出型態。除了列隊齊步前進之外，也有美式足球比賽中場休息時間上場表演的大型編制，搭配接近舞蹈動作的步法，進行華麗的演出。不管是哪一種型態，最大的魅力還是在於動作與音樂之間的協調與融合。

九五年到京都橘任職的時候，是我擔任管樂社指導老師的第四年、擔任顧問的第三年。當時，行進表演部分的教練是人稱「京都橘傳奇人物」的宮一弘老師。因為京都橘（女子）高中曾於一九七〇年與阪急少年音樂隊共同參與大阪萬博[1]祭典廣場的行進樂隊表演，當時宮一弘老師擔任阪急的助理教練，隨後在學生們的大力邀請下，到京都橘擔任教練。

1 大阪萬博：正式名稱為「日本萬國博覽會」。

之所以能在九六～九八年拿下大滿貫，除了京都橘樂隊創始人平松久司老師慧眼獨具，領先全國發掘女子樂隊的可能性，也要歸功於擔任教練的宮一弘老師多年來的指導，以及學生們努力練習的成果。

但當時擔任顧問的我還是抹不去心中的不安。這股不安來自行進樂隊界的時代變遷，以及京都橘「埋頭苦幹、不知變通地沿襲傳統練習方式」。

可惜的是，這股不安並非只是我的杞人憂天。

笑容轉而成淚，京都橘的「熱情」

「演奏者不樂在其中的話，觀眾看了也不會開心。」

這一點並非我的個人見解，而是管樂指導老師之間的常識，同時也是行進樂隊界自古以來最根本的道理。所以，京都橘學生們由衷的笑容，才會如同前言所提那樣受到觀眾的喜愛。

一九九〇年代後期，京都橘拿下大滿貫的時候，社員們的臉上確實帶著其他學校沒有的光彩。

論演奏技巧，京都橘其實並沒有令人拍案叫絕的卓越技巧。但我們有橘式笑容、節奏感十足的輕快步伐、乾淨俐落的動作，橘色惡魔的演出集結了這三種元素。渾然天成的表現進而轉為「喜悅」傳達到觀眾心中，讓觀眾在聽的過程、看的過程中，不知不覺展露笑容，甚至有些觀眾會感動到流下眼淚。

「平常頂多覺得『哇，這個音樂好棒、好感動喔，這個行進樂隊真是不得了』，但是京都橘的演奏會讓人聽完之後還有熱情留在心裡。這股熱情湧上心頭時，讓人眼眶發熱，眼淚都要流下來了。實在不可思議。」

除了校方和家長，我還聽很多人這麼說過。

京都橘的演奏不只是當下帶來喜悅，甚至能直接撼動觀眾的心，或許就是來自於橘色惡魔認真且專注的態度。

「快樂」是可以打分數的嗎？

但若說到評審，就不是這樣了。

評斷一個行進樂隊的優秀與否，能不能將快樂傳達給觀眾是很重要的。或許正因為如此，能做出整齊動作和俐落高步，華麗的京都橘風格才會被稱為「史上最強」吧。

即使如此，要為快樂打分數其實是非常困難的。因為這個世界上並不存在將快樂數據化的標準。所以才會引發「可不可以只憑印象打分數」的爭議。

行進樂隊的「行進（行進與動作）」部分的評分並沒有明確的基準，相較之下，「樂隊」部分就能透過嚴謹的標準進行評分。

如果將評審的標準改為「閉上眼睛完全不看動作，只聽音色也無人能敵的行進樂隊才是最棒的」，那又會怎麼樣呢？橘色惡魔的表現確實十分優秀，卻因此將大部分的精力花在整齊劃一的動作上，所以，演奏稍弱也是不可否認的事實。

或許我很早之前就發現了這個弱點。

是要精進自己的技巧，還是為別人努力？

日本行進樂隊的兩種不同流派

「即使拿下大滿貫、創下行進樂隊界的最高成就，但暴露缺點的京都橘卻從此江河日下。帶領京都橘挽回局勢的，就是建立『由弱者指導弱者』這種弱弱指導法……」

如果讓哪位粗暴的書評家用簡單幾句話介紹這本書，可能就是這樣吧。為了幫助各位讀者更深入了解充滿魅力的行進樂隊以及擁有眾多死忠粉絲的橘色惡魔，在進入正題之前，先與大家分享關於日本行進樂隊的二三事。

各位讀者知道嗎？日本其實有兩場全國性的「行進樂隊大賽」。

一場是一般財團法人日本行進樂隊協會（簡稱「M協」）所舉辦的「全日本行進樂隊&儀仗隊全國大賽」，過去都在日本武道館，現在則是每年十二月在埼玉超級競技場舉行。

另一場是全日本管樂聯盟（簡稱「吹聯」）所舉辦的「全日本行進樂隊大賽全國大賽」，這場大賽舊稱「全日本行進樂隊慶典」，每兩年舉辦一次，輪流於關東（幕張展覽館）與關西（神戶世界紀念館，後來改到大阪城展演廳）舉行。目前統一為每年十一月在大阪城展演廳舉行。

兩場大賽都是以「演奏的同時進行隊形變換」的整體演出優劣來評分，不過風格各有特色。

M協的大賽以華麗著稱。首先，這場大賽對於道具及服裝沒有任何限制。因此經常可以看見媲美音樂劇的大型道具及金光閃閃的服裝，讓觀眾為之瘋狂。幾乎每一個參賽隊伍都是以美國每年舉辦的國際鼓號聯盟（Drum Corps International，簡稱DCI）作為範本。其華麗而誇張的演出、震撼而大膽的動作，就像源自DCI的表演團體「鼓號旗兵（Blast!）」的舞台演出一樣，是非常撼動人心的表演。

以DCI為目標的M協大賽自然也是風格華麗，評審的標準為藝術性與演出技巧是否完美。用直白的方式來說，DCI的風格就是「比誰厲害」。

Blast!
官方宣傳影片

變化就會了解，雖然很多人會先注意到快節奏的舞蹈和動作，但其實整個樂隊的隊形幾乎只有縱、橫、斜三種。我們不會走正弦曲線般複雜的曲線，頂多只是圓形或扇形，使用的樂器幾乎和室內管樂合奏一樣。

而橘式笑容也正是源於「為人加油打氣的行進樂隊」這樣的學院風格而來。

團隊中的自主性傳統

聚焦於個人的管樂社

京都橘（女子）高中管樂社成立於一九六一年，成立初期是橘女子學園的樂器社團，當時DCI的表演風格尚未引進日本。

日本的管樂界開始出現行進表演是在一九五〇年代後期。在這之前只有軍樂隊類型的行進樂隊，加入表演因素可說是劃時代的突破，這種以美國做為參考範本的風格，就是學院風格。行進樂隊的老字號京都橘也是沿襲這種風格。

在我之前的平松久司老師以「發揮女子樂隊特性」為目的，讓每個學生展現自我，呈現活潑生動的演出。

當然，在那個時代不可能做出如今這種「隨著搖擺樂節奏用力擺動肢體」，如此「粗魯」的動作。不過在現存的舊資料中，還是可以找到以前曾經「以隊形變化呈現大文字[2]」這種很有京都特色、具有京都雍容華貴氣質的行進樂隊表演。

然而，平松老師希望每個學生充分展現自我，如此獨具慧眼的想法，可以說是走在時代的尖端。當時這種「不刻意追求隊伍整體的超極致美感」的帶隊風格，從正面的意義上來看，其實很不日本。

半個多世紀之後，京都橘高中管樂社的行進樂隊演出，之所以在日本國內（甚至是世界各地）有這麼多瘋狂粉絲，我想還是要歸功於當年的初衷。

追求的是社員們思考後採取行動，而不是跟著範本做出完美表現

京都橘管樂社成立之初的一九六〇年代，是日本行進樂隊的黎明期。當然，當時很少有大賽或相關活動，也不像現在有指導老師的認證制度。

當時什麼都沒有。沒有大賽，沒有指導方法，甚至連參考用的範本也沒有。對指導老

2 大文字：每年夏季於京都舉行的盂蘭盆節活動之一，在五座山的半山腰點上篝火，描繪出巨大文字以送走亡靈。

師來說，沒有範本做為參考實在困難重重。而這也是有趣的地方。

再加上這是學生從事的活動，因此學院風格之中帶有自主性。每一支隊伍都必須想出「獨創的技巧」，這一點非常辛苦。但也正因如此，才會這麼有趣，並且更有意義。

京都橘創造出許多符合各個年代的獨創動作與舞蹈，這些完全都是學生們的功勞。這樣的精神傳承到了現在，是橘色惡魔最大的特色，也是最有魅力的地方。

我到京都橘任教、接下管樂社顧問這個工作，最開心的就是「京都橘是學院風格」這件事。並非我討厭DCI風格，而是我從以前就很喜愛學院風格。

小學時，我曾參加大阪府池田市立吳服國小管樂團，以團員身分參與大阪萬博開幕儀式等多場大型活動的演出。當時經常和被我們視為偶像的阪急少年音樂隊同場演出，阪急的演出讓年幼的我由衷覺得「實在太帥了！」，而這些大哥哥們的演出就是學院風格。所以，我從以前就一直認定「行進樂隊就是學院風格」。

經過將近半個世紀，我居然成為同樣參加過大阪萬博、學院風格的京都橘的指導老師，人生實在是非常不可思議。

然而，讓我產生「雖然很有意義但好辛苦！」的念頭，也是從這個時候開始。

兩次離別

航行

拿下大滿貫後，京都橘的下一個舞台是二〇〇〇年的全國大賽（當時稱為全日本行進樂隊慶典）。因為九八年已是我們連續三年出賽，根據當時吹聯的規定，九九年必須「停賽一次」，又稱「三出休賽」。

二〇〇〇年我們選擇赫伯・阿爾伯特（Herb Alpert）的輕快曲目，在關西大賽勝出，取得幕張展覽館全國大賽的門票。京都橘做好十足準備，沒想到上場順序居然排在最後一個。橘色惡魔以二十世紀壓軸之姿，十拿九穩地完成表演，卻沒能拿到優秀團體才能得到的最佳音色獎。

「過去每年都拿這個獎，今年怎麼會這樣？」

宮教練和橘色惡魔都露出難以置信的表情，但身為顧問的我心中只有一個念頭：「該來的還是來了……」

每年十一月的全國大賽（一整年最大的目標）結束之後，就只剩下十二月二十三日的定期演奏會了。社團中開始洋溢著「今年就要結束了」的氣息，更何況這一年還是二十世紀的最後一年。

「就算即將告別二十世紀，練習也還沒結束喔。新年還要去寶塚呢！」

學校開始放寒假，而橘色惡魔的練習從不間斷。

在寶塚大劇場舉行的業餘頂尖音樂會（Amateur Top Concert），是關西地區的新年盛事。除了樂隊之外，還有合唱團參加演出。雖說是業餘，但只有真正實力堅強的隊伍才能接獲邀請，是一種至高的榮譽。

更何況演出場地還是寶塚大劇場，不論背景或照明都是數一數二。這個由專業中的專業——寶塚劇團所打造的舞台，表演時不論動或靜，都美得像幅畫。所有社員都自動自發地認真練習，尤其是三年級，參加完這場演出後就會退出社團，可說是他們的最後舞台。

就在所有人都為了這麼重要的演出進行練習時，宮教練卻遲遲不見人影。宮教練平時是寺裡的住持，生活非常嚴謹，我和學生都納悶「這真的太奇怪了」。

不久後，在音樂準備室接到一通電話，是向日町警察局打來的。警方表示，宮教練的車被人發現停在名神高速公路、過天王山隧道後不遠的路肩，而宮教練在車裡已經失去生命跡象，死因是心肌梗塞。

「明天開始該怎麼辦……」

行進部分的隊形和動作一直是由宮教練負責。我之所以能夠兼任音樂及演奏的指導，同時肩負整體顧問的工作，也都是歸功於宮教練。宮教練已經帶領京都橘三十年了，他過世後，橘色惡魔該何去何從呢？

所謂的頓失依靠，應該就是這種感覺吧。

直到喪禮那天，我帶隊前往位於神戶市區的宮教練平時擔任住持的寺廟，腦袋還是一片空白。出殯時，我們演奏了洛．史都華（Rod Stewart）的〈Sailing〉。直到現在，我們都會將這首曲子安排在定期演奏會的最後一首，以表達對宮教練的思念。

為人加油打氣的樂隊無法演奏出「可以得高分的音樂」？

隨後，我們邀請宮教練的唯一弟子橫山弘文先生，擔任行進部分的新教練。橫山教練曾經是長號演奏家，對DCI有相當的研究與經驗，同時擔任多所學校的教練。

「京都橘的魅力就在於學院風格，所以我會承襲下去。不過，田中老師，對於一直以來走DCI風格的我而言，京都橘真的很不可思議呢。相較於『重視動作的藝術性』的M協大賽，吹聯不是比較傾向『重視音樂』嗎？既然比賽重視的是音樂，為什麼『以動作為武器』的京都橘能一直稱霸呢？」

橫山教練原本以外人的角度對京都橘抱持這樣的疑惑，但其實身處其中的我也是一樣。我們兩人都察覺到京都橘在吹聯大賽中格格不入的感覺，所以我們非常清楚一件事，如果往後吹聯的評分標準變得更重視音樂的話，京都橘就危險了。

果不其然，二〇〇一年京都橘就錯失了晉級全國大賽的機會，止步於關西大賽。

「為了與M協作出區隔，管樂聯盟的行進樂隊大賽今後將更重視音樂，這樣的想法變得更明確了。學院風格的京都橘如果沒能拿出因應辦法，以後將無緣全國大賽。」

誰也沒有料到橫山教練和我的擔憂居然成真了。

因為二〇〇二年和二〇〇三年，不對，應該是到二〇〇六年為止的這六年間，橘色惡魔都沒能晉級全國大賽。

第二章

艱難的時候，身為非魅力型領導者

忍住不要出手指導、不要出聲時能做些什麼？

光靠「埋頭努力」也克服不了的障礙

舊的做法無法獲得好成果

沿襲以往的做法是行不通的。會被時代變遷所淘汰的人，他們通常都經歷過成功。正因為經歷過成功，所以會被成功束縛，遲遲無法嘗試新挑戰。

抱持著「一直以來都很順利，所以是有實力的，這個做法沒有問題」的想法，並且持續沿用，結果只是讓實力逐漸衰退。這樣的例子不在少數。

京都橘沿襲從前的做法，現在卻拿不到好成績，我、新到任的橫山教練和學生們，每天不知如何是好。當然，我們也不是什麼都不做，不會把「像以前那樣就好了啦」這句話掛在嘴邊，也不會抱持「練習就能得到回報」這種毫無根據的信念。

我們非常努力練習，原本就已經花費十二分努力在練習之上。現在回想起來，京都橘的大滿貫確實是絲毫不懈怠的努力所換來的成果。

如今看來，雖然一九九八年獲得這項佳績已是二十幾年前的事，但就算是當時，京都橘的做法也算是非常老派。

努力及忍耐下誕生的隊形

埋頭努力的最典型例子，當屬隊形練習。隊形是行進樂隊的基本，必須不斷練習才能達到理想中的隊形表現。

京都橘從更早之前就因為「雖然是學院風格，卻連變換隊形之間的移動都做得很美」而受到很好的評價，這一切都歸功於美感絕佳的宮教練的堅持。

一般來說，行進樂隊會製作一套「隊形圖」，讓社員們知道自己該站在哪裡，根據此圖進行練習。不過，當時京都橘並沒有隊形圖，所有隊形都是以「人體試驗」的方式做出來的。宮教練面對所有社員，以口頭的方式逐一對每個人下指令，像是「往前四步、往右兩步」，一步一步摸索出來。接著，再由行進樂隊的領導者，也就是「指揮」將確定的隊形位置記錄下來，才終於完成一份練習時使用的隊形圖。

實際走一遍後，如果覺得不好看，所有人便會在教練的一聲令下同時回到上一步，就好像用板擦擦掉黑板上的字一樣。

但這裡擦掉的並不是粉筆字，而是橘色惡魔，他們都是活生生的人，這樣反覆進行只會消磨大家的精神。

長時間的練習實在太辛苦了，對學生們來說只能憑藉努力與堅持。宮教練陷入沉思時，學生們只能一直維持立正姿勢，站在原地不動。

當天練習時，如果宮教練還是沒有想出好方法，學生們甚至會連續好幾個小時呆站在同一個位置。

努力到不能再努力了！

「女校才有辦法這樣。」

之前我長年任教於公立中學，到京都橘報到後不久就有這種感想。

不斷重複、反覆再反覆，若換個不同的解讀方式，就只是在浪費時間而已。我想，只有女生能忍耐到底，注意力無法集中的男生（包含我在內）根本辦不到。

也因為有這樣的練習，橘色惡魔變換隊形移動到定點靜止不動時，就算有些許不整齊，也能在一、兩拍之內修正完畢。就像相機焦距一樣，默默地就對準了。

我剛到任時，橘色惡魔每一次起步都是搭配「起！」的口令，踩高步跨出去。招牌動作「轉向」則是所有樂器配合音樂的節奏左右擺動將近九十度。我最喜歡的曲目是〈El Cumbanchero〉（木村吉宏版本）最後的高潮片段。以高步向前邁進，整齊劃一的俐落動作……。這些動作每年都在不斷進步。

「真是不得了，這實在是長時間練習的成果。要怎麼移動才能讓整體的動作有怎麼樣的變化，人數這麼多，卻還是可以依靠彼此的默契做到這個程度，要歸功於所有人在位置上（縱、橫、斜）的完美搭配，這完全都是苦練而成的。」

橫山教練曾經這樣分析，我的想法跟他一樣。但孩子們已經這麼努力了，就算我們要求「要再更努力！」也還是無法突破現況。因此，我們必須換個方法努力。

領導者與社員如何保持適當距離

每一位領導者都會面臨的兩種選擇

京都橘管樂社有兩位指導老師，分別負責行進與音樂。

行進部分原本由宮教練負責，宮教練過世後由橫山教練接下這個棒子。兩位教練對於行進表演的品味無人能及。

音樂、演奏部分則由我擔任指導老師，同時我也負責指揮及音樂總監。

也就是說，在技術方面，是由我們兩人分頭進行指導。

但我同時也是樂隊顧問，不能只管音樂，還必須擔負樂隊代表的任務。以棒球為例，我的位置就好像是教練兼總教練。也就是說，除了指導演奏技巧，還得統籌整個樂隊，在精神方面也必須成為所有學生的領導。

到京都橘之前、在公立中學擔任管樂社指導老師時，因為當時我還算年輕，一開始特別著重於傳遞音樂的樂趣。和學生雖然稱不上朋友，但距離還算蠻近的，應該是因為有男學生的關係吧。我是昭和時代的人，當時的社會風氣不像現在這麼重視性別平等。所以其實要感謝男孩子稚氣、又容易親近的個性。

剛到任時，當時的京都橘還是「京都橘女子高級中學」，二〇〇〇年才轉型為男女合校。近代的管樂社成員以女生居多，就算是在國中，男女比也差不多是一比三。來到京都橘後，一眼望去全是女生，讓我深刻感覺到少數幾個男生的存在有多麼重要。

雖說到任後我就馬上擔任指導老師，但其實只是形式而已，根本不可能馬上得到學生的信賴。

「幹什麼！你這個變態！」

當上顧問後不久，我們參加那一年五月舉行的「銅管博覽會九五（Brass EXPO 95）」時，發生了可疑分子緊跟在隊伍旁被我罵跑的事件，當時我彷彿成為學生們的英雄，但也僅止於那一陣子。

要想獲得女生的全面信任，還需要花更多時間，這一點我非常清楚。

執行這項「取得信任計畫」時，剛開始有兩種選擇。雖然已是四分之一個世紀前的事，但「到底該選哪個才好？」的糾葛，依然清晰地烙印在腦海裡。

❶跟每一個社員說說話，建立友好關係。

❷彼此劃清界線，維持有一點距離、有分際的上下關係。

這一點不侷限於學校老師，應該是所有領導者的煩惱。尤其是職場裡不像老師與學生之間的關係這麼明確，應該讓不少人傷透腦筋。

女性最厭惡的就是「不公平」

還在中學任教時，我選擇的是❶成為「建立友好關係」的指導老師。這種做法非常適合來自大阪的我，大阪人就是喜歡開開心心、不拘小節，而且也獲得不錯的成效。我自己也可以每天笑嘻嘻地，既開心又不會累積壓力。

但這次我面對的是高中女生。友好關係是一把雙面刃，處理得好的話就會感情很好，處理得不好的話馬上淪為「老師好噁心！」。

國中生還帶著稚氣，但高中生已經是半個大人。而且這裡是京都，京都人說話總是拐彎抹角。如果有人做了什麼不恰當的事，我們大阪人會直接吐槽「你搞什麼啊」，大家笑一笑就過了，不會往心裡去。但京都可沒這麼簡單。

全都是女孩子、高中生、京都。

這幾個因素讓我徹底感到不安。一不小心就會完全與整個團體為敵，這樣的恐懼感始終揮之不去。

而且友好的關係其實也是一種曖昧不清的人際關係。不管我如何處心積慮、公平地對待每一個人，也一定有人不領情。

「老師跟 A 說話，但沒跟我說話。」

我大概想像得到會有人私底下這麼說。

想了很多、猶豫很久之後，我終於想通了。

「帶領女生團體，最重要的是公平。」

我認為女性最厭惡的就是不公平。只對團體中的某人特別好，或是只偏袒某一部分，絕對是禁忌。我決定一視同仁，這一點是我成為女校指導老師在心裡決定的第一件事。

放棄魅力型領導風格，決定成為「裝聾作啞的指導老師」

魅力型領導能帶動個人的成長嗎？

就這樣，赴任不久之後，我就決定與橘色惡魔劃清界線，不要跟他們太要好。

「除非必要，否則絕不主動找他們講話。」這樣的態度讓我省了很多力氣，老實說還蠻輕鬆的。但光是這樣沒辦法指導，我必須盡快想出下一招。

領導風格百百種。為了確定所有人都接收到指令，有些領導會帶著滿腔熱血對大家訓話。如果是口才很好的熱血型領導者，這一招應該管用，可以列為考慮。

「大家都非常努力、非常認真。努力也是一種才華，大家一起打拚吧！把目光放得更高！朝著全國大賽的目標前進！」

如果要拍一齣青春熱血的故事，對白應該就是這樣寫吧。事實上，確實有很多領導者可以藉由這種慷慨激昂的語言帶動整個團體。

從經營之神稻盛和夫、松下幸之助，到十惡不赦的希特勒，這些具有魅力型特質的領導者都是口才很好的人。

但是這一點我完全不行。我不是擅長訓話的熱血型教師，這是第一個原因。而我之所以不想成為魅力型領導者，還有其他原因。

我之所以不想成為魅力型領導者，是因為這樣無法使團隊成長。

如果真有一個讓大家覺得「跟著他準沒錯」的領導者，或許就能進入全國大賽，社員也會團結一心。但是，我指導的這個團體只是「高中社團活動」，比起全國大賽，更重要的是讓學生透過社團經驗獲得成長。

不論是怎麼樣的組織，如果沒有領導者就完了的話，那是不可能長遠的。如果不能培養每一位成員的自主性，整個團隊就不可能變強，也就無法讓身處其中的成員獲得成長。

而這裡是「學校」，學生入學後總有畢業的一天。身為教師，最大的責任就是讓孩子們入學後獲得成長，再送他們出校門。所謂作育英才，不管面對的是自己的孩子、學生或下屬，都必須要讓他們學會「不依靠我，大家也能靠自己活下去」的能力。因此，我不認為魅力型領導者的存在是必要的。

「無聲文字」的力量

有些人雖然不擅長演講，卻可以藉由文字感動人心。當今科技發達，有類似困擾的領導者有許多機會（例如電子郵件、社群網路等媒介），將自己的想法寫成文章傳遞給下面的人。我也非常清楚「無聲文字」的力量，從過去就積極運用。

我的身分畢竟是學校的老師，因此除了擔任管樂社的顧問之外，也教音樂課，還要接班級導師。從一九九八年四月到二〇一八年三月為止，我擔任班級導師二十年，每天都會寫學級通信[3]，沒有一日間斷。

---

3 學級通信：班導師與學生溝通的刊物，由導師擔任編輯、執筆、印刷及分發。內容多為學校活動提醒、班級活動紀錄等。

我的原則是「絕對不寫聯絡事項」。因為如果哪天沒有事情該聯絡的話，通信就有可能中斷，所以聯絡事項都以口頭傳達，而學級通信只有對學生的訓誡。例如：如何過好每一天？什麼是對的？何謂誠實？等等。這些訓誡很難說出口，但神奇的是，寫成文章就非常容易表達。

此外，「無聲文字」和「有聲語言」的不同之處，在於具備不會引起對方反感的力量，比較能進入對方心中。學生們也比較願意接受。

「擔任管樂社顧問時也寫社團通信嗎？」

許多知道我以前有寫學級通信習慣的校外人士會這麼問我。答案是「不會」。社團的聯絡通知（例如大賽當天的行程表等）是由我來寫，但不會留下任何開導學生的文字。會這麼做，是因為我曾經感受過「無聲文字」的效果。

對於橘色惡魔，我所投入的情感確實比自己擔任班導的學生更多。正因如此，我更不想那麼輕易感動他們。

學生不能自行選擇班級，但社團活動的每個成員都抱著「我要進京都橘加入管樂社、要參加行進樂隊！」這樣的共同目標而來。無聲文字的效果太強的話會有危險，就像藥效過強的藥物有時會危害健康一樣，語言也不能對聽者帶來太強的影響。當然，如果我選擇使用慷慨激昂的語言或文字吸引大家的話，或許就能成為眾人仰慕的指導老師。

但，這樣是無法培養出「自律、自立的人格」。我希望學生不要一味遵循某人訂下來的規矩。如果學生「自律」，也就是自己訂定規矩、自己規範自己，將來才能成為「自立的人」。

任何事情強調精神層面、要求大家團結一致是很危險的。我不打算藉由當面訓話或寫文章的方式，以動人的語言或文字讓學生們團結一致、要求他們遵守規律。說得更直白一點，我不想成為「教主」。

❶我本來就不擅長說話。

❷就算領導者真的感動了社員、將大家凝聚在一起，但個人卻無法成長。

❸不管是當面說話或是透過文字，「感動」的效果都太強、太危險了。

基於這三個考量，我放棄魅力型指導者的作戰方式，決定找出自己的顧問風格。「不指導、不過問、不試圖感動他們。」
也就是不教而育、裝聾作啞的指導方式。具體來說，我做過哪些事呢？

最後，終於摸索出「橋梁」這個做法

前任顧問平松老師因為年紀比較大，所以到社團時，每次進到準備室就會坐下來喝杯熱茶，維持著純日式的習慣。這時由社長和兩位副社長組成的「幹部」，就會趕緊幫老師泡茶，再接著開會。
但我是個就連冬天也喝冰麥茶的人，不管是時代背景或行事風格都跟平松老師截然不同。幹部到準備室來找指導老師的習慣，也在我擔任顧問後有了改變。
我所採取的策略是，既然已經決定和全體社員劃清界線、不主動與大家攀談，那麼一開始就要和幹部建立友好關係。

「你覺得學校餐廳裡什麼最好吃？」

剛上任時我就是這樣和幹部拉近距離，記得當初問的應該是九二屆的副社長。幹部們的個性真的很成熟，面對我這種大叔也不會怕生。短短幾天，我就與他們建立起無話不談的關係。副社長向我推薦說：「點學生餐廳的炸雞排，再擠兩條美乃滋和番茄醬一起吃。」試過之後發現還真的蠻好吃的！

接著我向幹部們打聽每位三年級社員的情報。也就是說，幹部們是連結我和全體社員的「橋梁」。

偶爾會有社員到準備室找我，我就會運用從橋梁那兒獲得的訊息和他們搭話。

「聽說你最喜歡嵐？那你最推薦哪一個成員呢？」

像這種不經意說出的某些話，總能得到大家笑咪咪的回應。當然如果我得知某個社員最近為了練習而煩惱，會跟他聊得再深入些，不過通常僅止於「與社員相關的生活瑣事」。

對學生來說，也有一些意外的感覺。因為平常我都將整個樂隊交給教練負責，從不過問社團的事，總是板著一張臉。但在準備室裡一對一獨處時，卻是截然不同的感覺，給人一種「這大叔蠻有趣」的感覺。或許正因如此，才讓學生覺得「這是怎麼回事？」而願意對我敞開心胸吧。

對我來說，即使只是閒聊兩句，卻是了解學生個性等重要訊息的收集管道。

而我的方針，是不著痕跡地把想告訴大家的話告訴幹部和指揮共四個人——也就是京都橘的「主要幹部」——再藉由他們將訊息傳達給所有樂隊成員。

管樂社的領導者是幹部，行進樂隊的領導者是指揮，都是非常辛苦的職位。雖然肩負重責大任的四名幹部都非常有責任感，但他們終究是學生，並非完美。換句話說，是屬於「弱者」。

而身為老師的我相對之下屬於「強者」。與其由我直接指導「弱者」，不如由「較弱的人＝重要幹部」來指導「最弱的人＝其他社員」，會更容易達到傳達的效果。

但幹部也是弱者，一時之間也無法指導他人。因此，這四個人必須討論「怎麼做比較好」，或是和所有三年級社員一起思考，最後就能培養出所有社員的自主性。也能讓他們自動自發採取行動，並從中獲得成長。

這就是「弱弱指導」的本質。

出國演出時，學習到如何打動人心

不須語言，而是以經驗打動人心

裝聾作啞的指導方式所建立的弱弱指導，之後達成了怎麼樣的效果？橘色惡魔敗部復活的經過又是如何？——具體介紹這些事情之前，我想再說一個故事。

橘色惡魔後來都懂得如何一起思考並採取行動。之所以能打下這樣的基礎，絕對不是我個人的功勞。

我不會像魅力型領導者那樣鼓舞人心，藉此讓學生感動。不過，學生們卻能透過社團活動打動許多人的心。雖然我們是業餘樂隊，但每個人都是音樂家。對音樂家來說，感動人心就像運動員的肌力訓練一樣。那麼，要如何感動人心呢？靠的不是語言，而必須靠其他地方無法提供的體驗。

京都橘第一次出國表演是在一九七五年。那一年京都橘參加了英國約克郡所舉辦的「國際藝術節」。當時還是一美元等於三百六十日圓的時代，學生並不像現在這麼容易出國旅遊或是研習。

「高中女孩要跑那麼遠到歐洲去，而且還只有特定社團可以出去，簡直亂來！」

聽說當時管樂社的創始人平松老師在校務會議受到各方圍剿，但平松老師卻有著承受眾人反對壓力的無比熱情。

「古典音樂源自歐洲，再怎麼樣我都希望學生能親臨現場感受。趁著大家的心還那麼年輕、那麼自由，我想讓他們體驗一下在風光明媚的歐洲街頭演奏是什麼感覺！」

擔任中學老師時，每次帶學生參加比賽和各種演奏會，我總是滿腦子想著「勝出或淘汰」，自己都覺得很沒意思。平松老師這種「為學生提供難能可貴的體驗」的想法，對我而言非常新穎，同時讓我十分懷念。

我在小學時期立定了朝音樂發展的志向。幼稚園的時候，我渴望加入全國第一的池田市吳服國小管樂團，甚至跨區就學，只為了成為其中一員。在那個高度經濟成長期中，有幸參加全國最大型的活動——日本萬國博覽會開幕典禮演出，甚至透過衛星傳送到全世界。這是任何活動都無法取代的經驗，從此開啟了我的管樂人生。

松平正守老師帶領我們有過許多美好的經驗。而對京都橘的學生來說，平松久司老師也帶領他們經歷了各種體驗。

我從這兩位恩師的指導方針中，學習到領導者該怎麼做。領導者的功能就是要為社員準備好一個無可替代的舞台，讓他們留下特別的經驗。

在夏威夷學習到的溫暖感動

截至二〇一八年卸下顧問工作之前，京都橘共舉辦了十一次夏威夷交流演奏旅行。第一次是在一九八六年，為了讓所有社員都能於在學期間參加一次，因此成為每三年舉行一次的例行活動。

對我個人來說，第一次帶團遠征的目的地是茂宜島，在我就任不久後的一九九五年。帶隊的老師們住進破爛到不禁令人懷疑「這真的是夏威夷嗎？」的便宜旅社，學生們則住進由當地管樂社家長接待的寄宿家庭。第一場表演是當地購物中心廣場的迷你演奏會，這也是我第一場以指揮身分在美國「正式出道」的表演。

這次交流的重頭戲是行程結束前在茂宜中學體育館舉辦的「告別演奏會」。前半場是穿著制服的室內管樂合奏，後半場則換上隊服到室外行進表演。

社員換上隊服重新上場後，當地居民為之狂熱的程度，完全是在日本演出時所無法想像的。

尤其是寄宿家庭，看到自己接待的孩子獨奏時，不但拍手歡呼，甚至還「咻咻咻——！」地用手指吹口哨為他們大聲喝采，現場觀眾也彷彿在互相較量似地。夏威夷人的熱情與活力，幾乎嗨翻整個會場。觀眾如此熱情，大家當然演奏得更加起勁！回想起剛到夏威夷時，大家因為情緒太激昂，沒能充分展現實力，如今在這場最後的演出，倒是發揮得淋漓盡致。

「今天表現太棒了！大家盡情演奏吧！」

連我也感染到這股興奮，趁著休息時間這麼告訴大家，這就是「情緒」帶來的力量吧。演奏會結束之後，學生們淚流滿面，現場觀眾開心地抱成一團。

每個人的感受不盡相同。但是演奏的快樂、使聽者感受到快樂的喜悅，比任何語言的訴求更強烈，可以直達對方內心，最終呈現完美的表演。

在考艾島的阿羅哈體驗

後來茂宜島開發得越來越都市化，什麼都貴。於是從一九九八年開始，我們改到考艾島進行交流演奏會。

考艾島是夏威夷群島四大島中最落後的島嶼，有「花園島嶼」的別稱，島上保留了許多美麗的自然景觀。面積和大阪府差不多，人口約五萬人。這裡明文規定「房子不能蓋得比椰子樹高」，因此放眼望去很少看到人工建築物。貓王艾維斯．普里斯萊的《藍色夏威夷》和史蒂芬．史匹柏的《侏羅紀公園》皆在此拍攝。

為我們規劃這一切的，是考艾島的當地仕紳梅津先生。梅津先生是日裔第三代，非常擅長企劃，曾經將知名草裙舞團體引進到因電影《扶桑花女孩》而廣為人知的福島縣磐城市，也舉辦過許多活動，讓年輕人有發揮的舞台。

在那之後，我們到考艾島進行多次交流演奏之旅，這裡彷彿田園詩歌之地，居民直率而充滿熱情。

「阿羅哈」這個字並非單純的招呼語，而是一種完全接受、友善待人的精神，考艾島更是這種精神象徵的所在。「京都橘的學生要來了」這件事在當地造成轟動，全島居民都大肆慶祝般地迎接我們。這個純樸而率真的親切經驗，無疑滋養了橘色惡魔的心，可說是名副其實的阿羅哈體驗。

京都橘參加過的海外活動還有亞特蘭大奧運會和玫瑰花車遊行等難得的盛會。而對我來說，考艾島的經驗同樣珍貴，甚至比前者更甚。之所以繼續舉辦這項交流演奏之旅，是因為可以讓學生們接觸考艾島居民的阿羅哈精神，了解到「原來世界上有這麼棒的一群人」。

感動應發自內心，而非被動

亞特蘭大奧運會上跳舞的警察

接獲「在奧運上演奏」這種不得了的邀約，是在一九九五年秋季。這項活動是某家專營介紹音樂團體出國演出的代理公司所提出的企劃，地點在亞特蘭大。當時平松老師和我還沉浸在遠征夏威夷成功的高昂氣氛中，初聞此事時只覺得「太棒了！」。

在京都橘管樂社的傳統中，遇到類似這種大型活動時，並不是只由指導老師決定，首先會徵詢家長會的意願。因為費用由家長支出，這麼做也是理所當然。距離上次遠征夏威夷不到一年，而且這次出國的費用還是夏威夷的兩倍。因此，我們其實是以會被否決的心情進行說明。

沒想到許多家長都強烈表示：「想讓孩子感受別處沒有的體驗。」

「居然能去奧運，這種機會千載難逢。就算晚餐吃得省一點，也要把錢存下來當旅費！無論如何都要讓孩子成行！」

學校那邊則表示：「這是難得的榮耀。」很快就獲得認可，一切進行得非常順利。各家報社輪番採訪，我們甚至帶著學生代表參加京都NHK的新聞節目錄影。平常不愛說話的我也拋下矜持，抱著「這是在京都首次登上媒體的機會！」的心情，不停地到處宣傳。

就這樣，我們來到亞特蘭大奧運會，在主場館隔壁的官方展演會戶外舞台和活動廣場進行演奏。不論走到哪裡，觀眾都回報如雷的掌聲、歡呼和夾道歡迎，現場盛況實非我拙劣的文筆所能形容。但最讓我印象深刻的，是官方會場以外的活動。

「羅馬慶典」是亞特蘭大近郊一個名為羅馬的小鎮，所舉辦的奧運遊行活動。

我不大確定這個活動是不是為了「奧運也到我們城鎮來了喔！」的出發點而舉辦，反正美國人就是很愛遊行活動。雖然只是鄉下地方，但當地政府和居民都熱情投入，甚至出動警方進行交通管制，規模盛大。

大批民眾夾道欣賞，許多人興奮地大叫，甚至跳起舞來。行進間經過的地方，都能聽到民眾爆出異常熱烈的鼓掌與歡呼，遠遠超出我們的想像。觀眾看表演會起立鼓掌，這點我們在夏威夷和奧運官方場館都體驗過了，但沒想到這麼鄉下的城鎮也是如此。

更驚人的是，在現場擔任警備工作的警察也從頭到尾配合我們的演奏，不停地擺動身體。我一直以為警察的工作是「當圍觀民眾往前擠的時候，大聲喝令大家往後退、喊到喉嚨沙啞」。沒想到這裡的警察是將工作拋在腦後，擺動著他們龐大而厚實的身軀，隨著音樂節拍搖頭晃腦，完全就是一名「跳舞的警察」。這次在典型美國鄉下城鎮的遊行經驗，對學生、對我而言，都是身為「遊行愛好者」畢生難忘的回憶。

演奏者與聽眾之間產生感動人心的和諧

喜愛音樂的朋友應該都知道「同度、齊奏（unison）」這個詞。這個詞起源自拉丁文 unisonus（單音），意思是「單獨的（uni）」的「sound（聲音）」。

因為是單音、同度交錯在一起，因此在英文裡延伸為「和諧、一致」的意思。在管樂這類樂隊中，就代表由不同樂器的各種音色合而為一個音，有「協調」之意。

而音樂帶給人的感動，就在於自己演奏的某一個音，和另一人演奏的另一個音合在一起，成為齊奏。這時若再加入聽眾在聆聽時產生的感動，就能交織出更動人的和諧。

橘色惡魔在夏威夷和亞特蘭大都體驗到了這股感動。

「與其在大型比賽中拿到獎項，更重要的是讓學生體驗其他地方無法提供的經驗。」

「我決定放棄『教導』。我不要他們單方面接受我的指導才動起來，而是為他們準備各種『體驗的舞台』，讓他們自己感動。不刻意感動聽眾，而是聽眾聽了演奏、看了表演之後，自然而然產生感動。我希望帶領大家成為這樣的行進樂隊。」

抱著這樣的想法，除了一九六一年創立以來每年冬季舉辦的定期演奏會之外，我決定為學生爭取更多「正式演出」的機會。與我教職生涯中服務最久的中學進行聯合音樂會，也是其中之一。

埋頭拚命練習也跨越不了的障礙，要靠以下兩個方法跨過去——這是我得到的結論。

❶領導者裝聾作啞，讓學生指導學生的「弱弱指導法」。

❷不靠語言、文字，而是提供難能可貴的經驗，讓學生自然而然感動的「重視經驗指導法」。

這樣列出來似乎挺有模有樣的。但其實在橘色惡魔順利復活之前，等著我們的是活生生的現實和苦戰。

我面對的，並不是故事裡的虛構人物，而是真實世界中的高中女生。更何況我所疼愛的這些女孩還是在全球擁有超高人氣的「惡魔」。

第三章

有點弱的前輩教導比自己更弱的後輩而變強，

「弱弱指導法」開啟了前方的道路！

成為橘色惡魔的主要幹部

以民主的方式選出串聯上下關係的「橋梁」

奉行「不教導原則」的領導者——也就是我，不會對每一位社員進行指導。而是讓幹部（社長一名、副社長兩名）及指揮，共四位「主要幹部」去指導社員。對學生來說，老師是「強者」，因此不由強者來教，而是由身為「弱者」的學生來教導同樣身為弱者的人。

這是弱弱指導法的基本原則，不過，希望各位讀者不要誤以為我是「幕後藏鏡人」。在政治圈和各種社會團體之中，確實有很多人會在幕後操作，安排自己的人馬獲選為重要幹部並垂簾聽政，把檯面上的人當成棋子擺布，但弱弱指導是完全不一樣的。

默默在一旁守護，絕不過問。讓學生自治，提升整體的自主性，養成自律的團隊，這才是弱弱指導的本質。而且，「讓學生們選出我屬意的幹部」這種事我也做不出來。

京都橘在我到任之前就已經具備充分的自主性，這要歸功於前任顧問平松老師隨和的個性。

「哇，剛剛的步法太好了，你們真是太特別了。」

「大家今天的笑容都太棒了！」

平松老師會如此稱讚社員。就連社員之間起了什麼爭執的時候，他也會戲劇化地大聲喊出招牌口頭禪說：「你們大家都是我的女兒啊！」簡直就跟吉本新喜劇一樣，大家聽到後簡直都要摔一跤了，綜藝感十足。

而且平松老師當時還兼任全日本管樂聯盟的副理事長，每天都非常忙碌。有這麼一位個性隨和、不常露臉的顧問，自然而然形成了具有自治力的團體。有些學校的管樂社是由顧問直接指定能力及領導力較強的學生擔任幹部，但京都橘採取的是「由下而上」的原則，以「社員之間互選」的方式選出幹部及指揮。每一個社員都能投票，非常民主。

同樣身處其中的人，眼光會比「人事主管」更精準

幹部的推選於每年十月中旬舉行，同時會選出「副指揮」，也就是下一任指揮。每年九月是行進樂隊比賽的關西大賽，如果那一年順利晉級全國大賽，那麼從隔天起一直到十月上旬，都不需要為了比賽而練習。等到期中考結束、讓頭腦休息一下之後，才會接著進行全國大賽的練習。

如果那一年沒有晉級全國大賽，則會在稍作休息的片刻反省檢討，並討論隔年面臨的課題，接著在十月下旬開始慢慢準備十二月的定期演奏會。也就是說，十月中旬是大家可以稍微喘口氣的時期。

每次推選都是由全體社員投票選出。從二年級選出幹部（社長和兩名副社長）、從一年級選出副指揮。這個時候我都會留在準備室裡等待投票結果。

選出新幹部之後，舊幹部會帶著新幹部來找我，接著由我對新幹部說些鼓勵的話。

每年的狀況都不大一樣，不過通常選出來的幹部都不是「果然跟我想的一樣」，大多

時候都會讓我第一時間冒出「什麼!? 怎麼會選出這傢伙當社長(副社長)」的疑惑。

不過當這些新幹部在一年後卸任時，我都會覺得「從這學年裡的人選中他真的是選對了」。也就是說，「交給身處其中的人判斷」是最正確的。

被選為幹部的孩子，通常都是頭腦轉得很快、跟成年人聊得起來的人。幹部們有事到準備室來找我時，我也會放下平常事不關己的表情，和他們談笑幾句，有時幹部們的反應真的超乎想像。

這些孩子就像成軍多年後仍會持續出演綜藝節目的偶像團體成員。有些偶像在節目裡被搞笑藝人亂開玩笑時，還能保有自己的風格、懂得如何應對。這些社團幹部就是如此。

在一般民間企業裡，主管甚至沒有人事權。但在某些小型專案中，可以試著交由團隊成員自行投票決定組長。只要放手讓下面的人「試行民主主義」，應該就能充分感受到組員看人的眼光會比人事主管精準許多。

培育人才，而非培訓人才

如何看出「真正的人才」？

社長要統合整個社團的活動，顧名思義就是「整個社團的頭」，副社長則負責輔佐社長，這三位幹部擔負起團體裡的要角。因為每年都是在三年級即將退出社團之際推選下屆幹部，從二年級選出社長和副社長，所以某種程度上大家對彼此的個性還算了解。

但是，「行進樂隊的領導者」（也就是指揮）並不是從二年級選出。隨著三年級指揮即將退出社團，二年級的副指揮就會升為正指揮，和三年級指揮並列。所以，要從一年級選出新任副指揮。

而副指揮的標準比較籠統，大概就是「一年級裡最穩重的那個人」，但這其實很難。因為推選幹部的時期是十月，一年級才剛進社團半年左右，要在這麼短的時間裡判斷一個人的個性，需要很精準的眼光。

如果只是因為「當指揮可以走在隊伍前面揮舞指揮棒，超帥的」而嚮往成為指揮，是不足以勝任的。指揮是行進樂隊裡最亮眼的存在，同時也須擔負起統合整個樂隊的工作。

例如練習計畫與執行、負責指導社員，還必須成為社員們的心靈支柱。例如正式演出時必須鼓勵負責獨奏這項重要工作的社員，像是：「沒問題的，我會一直幫你看著的。你看著我吹就好！一定辦得到的！」隨時留意社員的心理狀態，也是指揮的重要工作之一。

要如何看出「誰」適合當副指揮？有時候我這個成年人或是學長姊眼中認為「很成熟」或「很真誠」的孩子，其實有著私底下的另一面。

因此，所有社員在這段期間還會像電視台那樣預測開票結果，甚至還會暗地動員「組織票」。

例如即將要選出副指揮的一年級社員團結一致，偷偷找二年級學長姊商量。

「我們一年級都想選 A 當副指揮。雖然三年級好像覺得 B 比較好，但 B 並沒有比較懂事，只是喜歡耍帥而已，其實私底下很壞心眼，我們不想讓他當選！學長姊，請你們投 A，雖然他話很少，但人很穩重、很值得信賴。拜託你們喔。」

一年級提出這樣的要求之後，二年級會提出交換條件。

「好，這樣的話二年級會投 A，不過新任社長希望你們都投給二年級覺得比較好的 C 作為交換條件。」

一年級和二年級、二年級和三年級之間很容易起衝突，就像在職場裡和直屬長官處不好一樣。前後屆的社員通常比較難和平共處，一年級和三年級則會處得比較好。但遇到推選新幹部的時候，一年級又曾和二年級組成「一二同盟」。在任何領域中，人際關係真的都是最複雜的。

如何「培育」率領橘色惡魔的指揮？

選出的二年級新任幹部會和三年級現任幹部一起行動，向學長姊學習工作內容，練習如何帶領整個團體。讀到這裡，或許有些讀者心想：「前後屆感情不好，這樣還處得來嗎？」答案非常簡單，那就是「心胸如此狹窄的人不會被選為領導者」。

一年級的新任副指揮要和二年級的新任指揮，跟著三年級的現任指揮學習，有點像是日式旅館的年輕女將[4]一樣。

第一個工作，就是在橫山教練到學校時送上一杯咖啡。其實就只是把瓶裝咖啡倒進杯子裡而已，並不是什麼困難的動作，但如果教練下達指令，像是「幫我找××過來」，就必須馬上採取行動，就像明星走紅之前在基層練功。副指揮心裡懷抱著「總有一天將成為代表橘色惡魔的指揮，成為萬眾矚目的焦點」，所以都會開心地做這些事。

另外，副指揮還有一個最重要的任務，就是擔任該學年的領導者並加以整合。而且同學年其他人對副指揮抱著很大的期待。二年級有副指揮和幹部，三年級有指揮和幹部，但一年級只有副指揮，所以在升上二年級之前，副指揮是該學年裡唯一的領導者。

有時候一年級副指揮還必須負責將同屆社員的不安與不滿轉達給指揮，並且會為這些事承受巨大壓力。

---

4 **年輕女將**：日文原文「若女将」。「女将」意指日式溫泉旅館或料亭的女主人；「若女将」指年輕女主人，通常為女將的媳婦或女兒，跟在上一代女主人身邊學習。

有時還會因為和其他人意見不同而被孤立，在團體中感到孤獨，所以副指揮非常難當。但如果因為這些事就倒下的話，便無法勝任這項工作。

在社員接受嚴格訓練時給予心靈支持，覺得「我們應該贏不了」的時候也要自己消化情緒，給予社員鼓勵，有時甚至會把社員罵到哭出來，必須具備「我一定能堅持下去」的堅強意志，繼續帶領團隊向前。

在正式演出時，還要帶領整個樂隊展現華麗的演出，透過肢體的表現，讓社員們由衷展露笑容，並且打從心底產生「真希望自己也能那樣、好想跟指揮一樣帥」的憧憬。

這些都是老師教不來的。能教他們的，只有指揮，還有他們自己所累積的經驗。指揮不是老師培訓出來的，而是靠自己成長茁壯。

選幹部的時候，就是要選出可以承擔這項重責大任的人才。身為顧問，只能相信學生，並期許新任指揮能成長、成為代表整個社團的優秀指揮。

弱弱指導開始生效的五個步驟

我常從成為「橋梁」的主要幹部那邊收集到很多訊息。

只要隨意起個頭，像是「某某某是怎麼樣的人？」就可以得到很多相關訊息。

例如：

「其實他一年級時發生過這樣的事喔。」

「他雖然表現得很堅強，但其實心裡怕得要命啦。」

除了這些訊息，我還會觀察每一個學生。只要能這樣掌握大家的個性，當弱弱指導遇到瓶頸的時候，就可以適度伸出援手。

而且每個社員都知道，雖然我在大家面前什麼都不說，但是和幹部之間其實會聊很多事情。

這麼做其實有我的考量。當幹部在閒聊時不經意透露「之前老師有說過這件事」，那麼我的想法就會像水一樣默默滲透到整個社團。透過這樣的互動，也能使「橋梁」成長。

❶教師的建議滲透到團體當中。
❷遇到問題時，學生會想像：「如果是老師的話，應該會這樣說吧？」
❸憑著想像內容，努力靠自己思考、解決方法。
❹各自想出解決方法後與其他人分享，有時成功、有時失敗。
❺重複這樣的過程，就會成長為**可以自己指導自己**的能力。

只要完成以上五個步驟，弱弱指導就會開始運作。

而且不只主要幹部，就連其他社員也會成長。獲得成長的社員不論在樂隊裡擔任什麼位置，都可以培育其他社員，也就是社員之間相互激勵與成長。從每個樂器小組長身上更能看出這一點，在幹部的弱弱指導之下，小組長學會了這些步驟，接下來弱弱指導就會一口氣成為「相互扶持成長的團隊」的基礎。

到了這階段，我只要在一旁默默守護即可。就好像機長大多數情況下都靠著電腦自行操控飛機一般。

即使如此，機長也絕對不會離開駕駛座，這是為了因應緊急狀況。雖然飛機發生緊急狀況的機率比一般交通事故更低，但京都橘曾經發生幾次緊急狀況。

而我還必須幫橘色惡魔準備最適合他們的舞台，這是身為總策劃的我無法假手他人的工作。

要聊這件事之前，必須先提到一九九八年京都橘拿下大滿貫，進入二十一世紀後卻陷入低潮的故事。

開始自己思考，並採取行動的橘色惡魔！

社員自己想出來的森巴步法

第二章曾經提到，京都橘連續六年沒能進入全國大賽時，我們也不是什麼都沒做。其實弱弱指導就是在這個時候逐漸成形的。

❶不教導，貫徹弱弱指導。

❷提升社員的自律與自主性。

之所以能突破停滯期，完全是靠橘色惡魔的努力。不過，我的這兩個方針應該發揮了在背後給予支持的功用。

例如二〇〇二年的〈Seaside Bound〉，這首曲子是京都出身的澤田研二擔任主唱的老虎樂隊（The Tigers）的懷念金曲，我們認為這首歌能緊緊抓住京都人的心，所以安排在最後一首。當時的演奏和動作一舉成名，而這些都是當時的三年級（九九屆）想出來的。

雖然在關西大賽中拿到金牌，但可惜沒能拿到全國大賽的出場資格，最終只拿到「廢金[5]」。不過終場時全場響起熱烈的掌聲，讓我們清楚感受到觀眾的回應。

此外，當橫山教練決定採用新步法之後，九九屆又自己想出了練習方法。

以前的步法都偏學院風格，比較簡單，而新的步法則是後來成為橘色惡魔招牌的「森巴步法」。每一次遊行的最後一首曲子時，都會看見社員們踏著小碎步，好像浮在半空中的可愛模樣。但這個動作其實非常困難！不管在橫山教練的指導下練習多少次，都還是像體育課的反覆橫跳一樣，看起來非常不自然。

---

5 **廢金**：全日本管樂聯盟所舉辦的大賽包含縣市大賽、區域大賽及全國大賽共三個層級。各場大賽的比賽結果不以名次排列，而是依照得分高低頒給銅牌、銀牌、金牌的其中一個獎項，且各級大賽的獎項數量無規定。從得分較高的隊伍中選出三隊晉級至下一場大賽，因此，並不是得到金牌就能晉級下一場比賽。得到金牌但無法順利晉級的隊伍，俗稱「廢金」或者「無用金牌」。

社員們失敗了很多次之後，摸索出的練習方式是由已經打好基礎的學長姊先學會，再由他們負責教學弟妹。

社員們排成一列，就像跳兔子舞（Jenkka Dance）一樣，學長姊在前，學弟妹在後，雙手搭著學長姊的肩膀，跟著學長姊的森巴步法，一邊跳一邊記。

這樣的功夫不只有九九屆，歷屆社員都是如此。

例如行進樂隊的基本技法「扇形轉彎」（pinwheel），轉彎時在兩個拍子之間進行九十度左轉或右轉。社員們想出了簡明易懂的練習方法，像是「在往前走四拍的位置畫一條四十五度的線，轉彎」或是「在轉彎的地方擺鞋子做記號」。

橘色惡魔就這樣持續精進弱弱指導法，而且每年不斷進步。

有個例子可以證明這件事。九九屆、一〇〇屆、一〇一屆在一年級時都是到夏天才學會森巴步法，但之後的一年級則是五月參加銅管博覽會前後就幾乎都學會了。

最近指導法又更進化了，幾乎每一個新入社的社員在體驗營的第二天，就可以踩出有點生澀但有模有樣的森巴步法。

從無到有，由社員寫出來的隊形圖

橫山教練雖然是宮教練的弟子，不過指導風格截然不同。宮教練會讓社員實際排成隊伍，再決定整體的動作和隊形，這件事在第一章曾經提過。社員們只要負責把隊形圖記錄下來，其他的就由教練去想。

橫山教練則是會把最基本的整體動作也交由社員去想，隊形圖也是社員負責繪製。到任後不久，橫山教練就把所有三年級社員找來，對他們說：「受邀擔任各位的指導老師，我感到非常驕傲。我一點都不在乎指導老師的顧問費有多少，甚至要我自掏腰包來當指導老師，我都願意。」

橫山教練之所以願意把一切都交由社員自行決定，就是因為看好京都橘的實力。橫山教練的人氣很高，同時擔任好幾所學校的行進樂隊教練，但在其他學校都是由他本人負責繪製隊形圖。

而且京都橘在橫山教練，甚至是我赴任之前，也會由社員們自己思考演出內容。最具代表性的就是定期演奏會的最後一個部分，演奏〈再見進行曲〉（Sayonara March）和

〈驪歌〉（Hotaru no Hikari）時，全體社員會站起來往外走，消失在觀眾面前。

最近許多管樂團經常會在演奏途中突然站起來，改採站姿，或是加入一些肢體動作。其實這些最早都是京都橘的創舉，是社員們自己想出來的。

還有像是所有人突然從椅子上起身一起吹奏，或是坐在舞台上，一邊演奏一邊前後擺動雙腳，曲子結束時全體社員迅速往中間靠攏，像拍團體照一樣擺出定格姿勢等等。

「都已經要做了，不如再加一些動作好了？」

「那每種樂器做不同動作，最後合在一起，怎麼樣？」

「每個人都做不同動作，看起來很不錯！」

社員們就像這樣不停研究「怎麼樣看起來比較帥」，不管是行進樂隊或室內管樂合奏，不斷創造樂隊的全新型態。

大家之所以抱著「只有京都橘做得到」的自負，是因為我們承襲了與英國、亞特蘭大奧運、夏威夷等地交流演奏會的傳統，這是其他學校所沒有的。所以就算具備某些其他隊伍不會的技巧，大家會覺得「那也是理所當然的啊！」。

橫山教練採取全部交給社員的方針，這想法與我指導整個社團的營運方針一致，但這並非是我們經過討論後得到的結論。橘色惡魔抱持著強烈的自負和不服輸的精神，那是一種「靠自己的能力」的感覺，甚至可說是他們對行進樂隊的熱情與積極，帶動了我和其他教練。

〈Sing, Sing, Sing〉的誕生！

邊跳邊奏的「sing 元年」

花了那麼多心血卻依然止於「廢金」，距離全國大賽就只差那麼一步。悶了好幾年的京都橘終於在二〇〇五年看見一道曙光，一切始於橫山教練帶來的一片DVD。

那是美國的音樂舞蹈演出「Burn The Floor」（簡稱BTF），數十名男女舞者穿著耀眼的舞衣，搭配〈Sing, Sing, Sing〉等搖擺樂風格的樂曲，在舞台上展現節奏緊湊而華麗的舞蹈。後來傑尼斯偶像今井翼也加入演出，使這個表演在日本相當受到矚目。

「不知道能不能一邊演奏，一邊跳這個BTF？」

橫山教練的這個提案，讓社員們驚訝得說不出話來。因為光要做出這麼激烈的舞蹈動作就已經夠難了，居然還要加上演奏？雖然京都橘一向都能展現輕快的舞蹈動作，但BTF已大幅超越學院風格的領域，可說是

「Burn The Floor」
宣傳影片

非常困難的節目。

以當時的狀態，跳舞就沒辦法演奏；以演奏為優先考量的話，就無法跳舞。必須找到能「一邊跳舞一邊演奏」的折衷點。

就算真的找到折衷點，就算橘色惡魔原本就具備良好的律動感，但要讓所有社員學會這項表演內容，需要相當高度的技術。

接收到橫山教練這項提議的行進樂隊編排組是一〇二屆，大家雖然都很詫異，還是馬上開始思考「怎麼樣才能做到」。提出構想的橫山教練也堅信「京都橘一定辦得到」。

行進樂隊編排組是以指揮為中心，加上木管樂器代表、銅管樂器代表、打擊樂器代表和旗隊代表共五個人。如果說社長和副社長是整個社團運作時的「橋梁」，那麼編排組可說是行進樂隊的「橋梁」。

因為他們負責設計整個表演、繪製隊形圖，還要構思演出動作，然後將內容告訴三年級，再由三年級教會所有社員。行進樂隊編排組可說是整個樂隊的內閣。

指揮是總理大臣，負責遴選各樂器的代表，就像任命各大臣一樣。可以「入閣」的並不是演奏能力強的人，而是可以和總理合作、一起讓整個樂隊變得更好的人。

編排組同時也是炒熱整個團隊、帶動隊上氣氛的主要人物，像是在大賽之前做護身符發給每個社員，或是製作繡上鼓勵字樣的刺繡布貼給大家加油打氣等等。

對付怠惰體質最有效的良方是「正式演出」

在這裡我用「他們」，而不用「她們」，是因為京都橘從二〇〇〇年開始從女校變成男女合校，也有男生加入管樂社，所以從這個學年開始，第一次有男生加入行進樂隊編排組。

這一屆剛選出來的幾個「大臣」一直團結不起來，每個人都很有自己的想法。對一直以來具有「認真練習」這項優良傳統的京都橘來說，是非常少見的怠惰體質。他們無時無刻都在偷懶，或許就是因為這樣，橫山教練才會故意給他們這個難題，讓大家沒時間偷懶吧。而我也有治他們偷懶的辦法，例如設法增加正式演出的機會，像是和其他中學的聯合演奏會等等。

有些孩子不喜歡枯燥無味的練習，但他們通常有豐富的想像力，面對觀眾表演時會非常賣力。面對這樣的孩子，「不要偷懶，給我好好練習！」這句話說一百遍也沒有用。但只要聽到「還有十天就正式演出了！」根本不需要多說什麼，他們就會主動練習。對這類型的孩子來說，最有效的方法就是賦予難題或正式演出。

行進樂隊編排組就是這樣慢慢統整起來，讓他們發揮創造能力，逐漸設計出加入BTF精華的步法。

直到現在，〈Sing, Sing, Sing〉都還是京都橘最具代表性的曲目，這都應該歸功於打造出表演雛形的一〇二屆學生。

不過，這一年（二〇〇五年）的大賽成績跟前一年一樣，還是止於關西大賽「廢金」，沒能進入全國大賽。

到了這個地步，已經沒有人會質疑「為什麼」了。

原因非常清楚——因為表演內容的難度太高，橘色惡魔沒能跟上。

自己思考「怎麼做才能達成目標」

將練習的「重點」提取出來

大家根本無暇為「廢金」沮喪，因為年底我們要遠征美國。之前我們曾參與迪士尼樂園開園五十周年紀念的耶誕遊行、為颱風受災者舉辦的慈善演奏會，其中還是以〈Sing, Sing, Sing〉獲得最多掌聲。

在亞特蘭大奧運會和夏威夷時，我們也感受到美國人觀賞表演時的反應非常直接。〈Sing, Sing, Sing〉會受到那麼好的反應，並不完全因為這是美國具代表性的音樂。

「他們一邊演奏一邊跳舞耶！」

「沒看過這種類型的表演！」

我想更是因為行進樂隊的表演型態對觀眾來說既新奇又有魅力，讓他們驚喜而產生感動。橘色惡魔盡情享受了美國觀眾的喝采，使他們對新的表演型態更有信心，並從中產生了「要讓〈Sing, Sing, Sing〉完全成為我們的音樂」的決心。

二十三年的指導生涯中，我深刻感受到一件事，那就是「三年級學長姊的個性對整個社團的影響非常大」。

一〇二屆的想像力非常豐富卻不愛練習，他們所留下的「Sing 步法」由一〇三屆承接。一〇三屆非常認真，甚至有點死腦筋，就是一直不斷練習。

等他們升上三年級後，一樣對自己非常嚴格，把學弟妹帶得很好，可以說是弱弱指導的最完整範本。從指導老師的角度來看，有一個地方不禁讓我感覺「這些孩子真是不得了」，那就是他們具備了剖析「練習重點」的能力。

面對難題的時候，光是反覆練習很難有所突破。這時他們自己想出了一套方法，就是將步法進行分析、拆解，找出最難的部分，也就是「重點」，針對這部分進行練習。

還能再做些什麼？

因為拚了命的練習，再加上精準掌握重點，一〇三屆的弱弱指導展現了很大的成果，一口氣將〈Sing, Sing, Sing〉的表演水準拉高許多。就這樣，橘色惡魔帶著「就是今年了！」的決心，迎向二〇〇六年的行進樂隊大賽。

實在太想贏了——會這麼想，是因為京都橘以往都是參加「慶典組」，但這個組別即將在隔年廢除。

吹聯所舉辦的行進樂隊大賽原本共分兩組，分別是規定較嚴格的「遊行組」和自由發揮的「慶典組」，京都橘一直以來都是參加後者。

有些樂隊同時報名吹聯和 M 協大賽，但只是把吹聯的「慶典組」當作是參加 M 協大賽前的彩排練習。為了避免這種現象，也為了增加與 M 協大賽之間的區隔，吹聯於是改變了比賽規定。九〇年代京都橘在慶典組可說是所向無敵，因此能否在慶典組最後一屆比賽中勝出，是學校及所有粉絲最關心的焦點。

一切都準備好了，正式演出的時候也非常完美，我們甚至還聽說其他可望得獎的學校表示：「我們今年肯定贏不了京都橘，只要能拿到第二就好。」因此我和橫山教練、甚至是橘色惡魔，都帶著滿滿的自信等待成績公布。

結果出乎意料，跟去年一樣，又是「廢金」！並且又是止於關西大賽！通往全國大賽的路就在這裡斷了。

「到底還想怎樣，難不成要叫我們飛上天嗎!?」

二〇〇六年，就在這樣的憤憤不平中結束。

音樂與動作可以兼顧嗎？

由於遊行組和慶典組在二〇〇七年合併，使得京都橘不得不正視多年來遲遲未能解決的課題。

「管樂聯盟的行進樂隊大賽以音樂為主」，但京都橘的強項是動作，音樂部分比較弱。兩個組別合併之後，應該會更重視參賽隊伍在音樂上的表現。

「如果吹聯大賽是奧斯卡獎，我們就好像是一齣優秀的動畫作品去參賽一樣。」

那陣子我和橫山教練常常這樣嘟囔著。因為吹聯非常明確地「重視音樂」，因此以「最輕快、最愉快的行進樂隊」為最大賣點的京都橘就陷入了苦戰。

「吹得像室內管樂合奏大賽全國大賽中的參賽隊伍一樣好，還要進行躍動感十足的表演」，這本來就是一個「知易行難」的課題，而且相信任何人都知道，要同時兼顧快節奏的律動感和美麗的音色是多麼地困難。

音樂也是為了聽眾而存在

吹聯的行進樂隊大賽全國大賽的出賽隊伍，尤其是「高中以上組別」，多半都是在室內管樂合奏大賽中擠進全國大賽的優秀隊伍。看了這些學校的表演，會發現大都是在不影響演奏的狀況下，緩慢而小碎步移動。這應該是為了兼顧音色和動作而想出來的對策。

這麼做確實符合管樂聯盟理想中的完美演出型態，也就是「整個管樂團直接站起來表演」。而且從大多數團體的表演中，也能看出「不需要勉強做出過多動作」的方針。

但管樂不只是為演奏者而存在，音樂的存在同時也是為了聽眾。如果每個隊伍上場後只是安靜地行進，觀眾會看得開心嗎？更何況橘色惡魔原本就是為了加油打氣而存在的學院風格，如果只是緩慢移動的話，還能發揮自己的「特色」嗎？

「怎麼能做出這麼迅速的動作!? 看著都覺得自己也要跟著跳起來了。」

過去許多人給予我們這類稱讚。不管是以往的大賽，與中學的聯合音樂會、定期演奏會，或是「三千人的管樂」、「業餘頂尖音樂會」，以及御堂筋遊行活動等，每一場演出時，觀眾都會被京都橘燦爛的笑容所吸引，進而跟著展露笑容，甚至連美國人都能感受到京都橘的獨特魅力。我們不希望拘泥於形式而變得壓抑。

我本身是演奏者、指揮者，同時長年擔任管樂社的指導老師，是一般人口中的「室內演奏的專家」。在我看來，我也認為京都橘的魅力在於「以緊湊節奏行進的步法」。

「雖說是比賽，但對聯盟來說，應該希望看到音樂表現不特別突出，但能振奮人心的隊伍，這樣觀眾也會看得很開心。難道這麼想錯了嗎……？」

這樣的想法不斷在我心裡湧現。

思考「現在能做什麼？」並腳踏實地一步步向前邁進

聞名全國的京都橘核心肌群訓練

為了盡可能兼顧音樂與動作，社員們都是含著淚練習的。如何維持跳舞時上半身不動，大家試了很多方法，得到的結論是核心肌群訓練。

這個訓練怎麼進行呢？就是單腳舉起至九十度，以單腳站立的方式維持平衡，用這個姿勢演奏三分鐘左右。光是單腳站立就站不穩了，還要在氣喘吁吁的狀態下演奏三分鐘，根本就是大絕招。學生們穿著運動服練習，臉上都是汗水，頭髮都溼透了，若不是還抱著樂器的話，根本就和運動社團沒兩樣。

剛入社的新生不拿樂器，雙手合十，大聲喊出「一、二、三、四」代替演奏，慢慢抓到單腳平衡的感覺，光是這樣就得下很多功夫。用力喊出聲音並不是為了激勵士氣，而是為了增強演奏管樂時最重要的肺活量。想要吹得又響又好，超大肺活量是不可或缺的，核心肌群訓練也能同時達到增強肺活量的效果。

單腳站立的練習出現在電視節目後變得很有名。我們曾經和關東地區的強校舉辦聯合集訓，當中也做過這個訓練，其他學校的學生都做不到，可見這有多累。

對行進樂隊的堅持

從那個時候到現在，京都橘都會同時參加室內管樂合奏大賽和行進樂隊大賽這兩種比賽。但室內管樂合奏的練習只有在夏季室內管樂合奏大賽前的三個星期而已，而且練習期間，每天早上都一定會進行「行進樂隊的基礎練習」。

首先是三十分鐘的「連續換氣」，練習如何吹出大音量、持續不斷氣。再加上剛剛提到的單腳站立，以上就是京都橘用來鍛鍊核心肌群和肺活量的基礎練習。

為什麼要做這些練習呢？因為常有很多單位提出「希望京都橘來參與遊行活動」、「希望京都橘來進行表演」等需求。我本來就想要增加學生演出的機會，而且其實橘色惡魔也都抱著「隨時可以出去行進表演！」的心理準備，並引以為榮。

推倒高牆，而非等高牆倒下

我們很想在行進樂隊大賽中獲勝，但我們不像其他參加室內管樂合奏大賽的學校，有那麼多時間可以在室內練習，也因為花很多時間練習行進動作，所以沒辦法把時間分配在音色練習上。

而二〇〇七年全日本管樂聯盟「將遊行組和慶典組合併」這項重大變革，可說是順勢推了京都橘一把。

多年來京都橘堅持不懈地埋頭苦練，打下了很好的基礎，所以橫山教練和我都認為「京都橘很適合指定演技[6]」。

而且遊行組原本就禁止華麗的服裝，很多隊伍甚至穿體育服就上場，合併之後對我們更為有利。因為俐落而開朗的學院風格，應該會比華麗的 DCI 風格更容易獲得評審青睞，也是最能表現橘式笑容的方式。

更何況橘色惡魔一直以來都有很好的分析能力，由學生們自主思考，決定採取什麼行動，應該能想出更多「新招」並認真練習。後來證實，一切果然如我所料。

二〇〇七年九月，關西大賽比賽當天，會場是大阪市中央體育館。

演技開場以聖詠曲方式呈現蘇格蘭民謠〈安妮蘿莉〉（Annie Laurie），指定演技的曲目用的是菲利普·史帕克（Philip Sparke）的〈The Band Wagon〉。我們採用快速行進（quick march）將指定演技經過轉化後表現得「很有樣子」。就像已經參加過好幾屆遊行組一般純熟，也提升了橘色惡魔的志氣。

後半段的自選演技的曲目，當然就是〈Sing, Sing, Sing〉了。

前奏由大鼓獨奏、非常有特色的「咚咚咚咚」拉開序幕，接著加入蘇沙號和長號，所有社員跳著進入會場，觀眾開始拍手並為之瘋狂。

---

6 **指定演技**：類似音樂比賽中的指定曲目，參賽團隊必須依照比賽規定展現指定的行進技巧（例如九十度轉彎、一八〇度向後轉等），同時演奏相應風格的曲目。

現場不斷傳來「來了！來了！」的歡呼聲，雖然整段表演根本超過一般肉體所能負荷，但橘色惡魔的臉上仍帶著自然的笑容。在全場的期待與加油聲中，京都橘的演出淋漓盡致，終於拿下全國大賽的門票。

這道高牆終於倒下了。不，應該說這道牆終於被我們推倒了。

終於在全國大賽東山再起

獻給恩師的全國大賽

二〇〇七年，京都橘在全國大賽中獲得銀牌。雖然沒有拿到金牌，卻是睽違七年後重新回到全國大賽的舞台，感覺實在特別。

全國大賽結束後，我在大阪城展演廳的噴水池前，對前來觀賽的畢業生們說了這些話：

「全國大賽的氣氛果然就是不一樣啊。一〇〇屆到一〇三屆這四年的同學們，沒辦法帶你們來這裡，我覺得很對不起大家。果然，參加行進樂隊大賽，還是得走到這一場才行啊！」

「與其在更高榮耀的大賽中取得好名次，更重要的是讓京都橘體驗其他社團所沒有的經驗。」這件事被我奉為最高原則，如今也擁有響高的知名度。我對畢業生們說的這席話似乎和最高原則有所矛盾，但既然參加了比賽，還是難免會覺得當然要盡可能獲得肯定。

這一次進到全國大賽，對我個人來說實在是感慨萬千。因為當時的關西管樂聯盟理事長正是我在吳服國小時的恩師松平正守老師。前面也曾提到過，帶領我進入管樂世界的就是松平老師。

關西大賽當天，我走到主辦單位座位區，向老師報告我們進入全國大賽了。老師對我說：「那真是太好了。」當時我很不好意思地笑著回答：「實在太久沒進全國大賽，都快忘記該怎麼開心了。」現在回想起這件事，還覺得胸口隱隱作痛，因為松平老師在那一年的年底就因心臟病發作而離開人世。

「松平老師過世之前，總算在大阪城展演廳讓他再次看到我們的佳績。」

接獲老師過世的消息時，悲傷之餘我也心存感謝，並因此放下心來。

每個進入全國大賽的團隊成員都能領到一座小小的紀念獎盃。那年的年底，我帶著這個獎盃到宮教練永眠的寺院去看他。每一個成員都能拿到紀念獎盃，這個溫馨而周到的小巧思，也是來自松平老師的提議。

「我先生過世那年帶的應屆畢業生，一直到現在都還會來看他喔。沒想到隔了七年又再進入全國大賽，他知道的話一定很開心，我也好為大家高興。」

聽了師母這一番溫暖的話，我開始思考隔年的事。

「明年應該可以拿金牌，到時候我會再來。」

「橘 Sing」首次登陸關東！

隔年（二〇〇八年）的三年級是一〇五屆。這一屆的好勝心非常強，二年級時就曾經因為認為學長姊的做法太過溫和而預謀發起抗爭。等到他們自己升上最高年級後，不僅對學弟妹嚴格，對自己也一樣嚴格。拚了命地練習，也要求學弟妹練習，甚至到了旁人會覺得「這群孩子真不得了」的程度。

「去年都代表關西進入全國了，今年沒理由進不去！」

這一年就憑藉著這股氣勢順利進入關西大賽，接著順勢進入全國大賽。

第一章曾經介紹過，吹聯的全國大賽以往都是輪流在關西的大阪城展演廳和關東的幕張展覽館舉辦。但因為幕張展覽館較小，舉行全國大賽顯得太過侷促，因此二〇〇九年開始便改為每屆都在大阪城展演廳。也就是說，這是最後一場在關東舉行的全國大賽。

二〇〇八年的曲目是前一年的改良版本。以聖詠曲方式呈現莫札特的〈聖體頌〉（Ave Verum Corpus），指定演技的曲目和去年一樣是〈The Band Wagon〉，而且改為完全從正面角度觀賞的隊形，也就是以評審的角度思考。之所以會放棄去年那種難度很高但沒有效果的演出方式，就是因為「太想贏了」。

自選演技的曲目我們這次選的不是〈Sing, Sing, Sing〉，而是在〈Sing, Sing, Sing〉中融入約翰．威廉斯（John Towner Williams）以類似曲風創作的電影配樂〈Swing, Swing, Swing〉，這是我們第一次演奏兩首曲子的混合版本。

這首被橘色惡魔稱為〈Sing, Swing, Sing〉的「折衷版」，每一年都會有一些調整與變化，並持續進化。現在已經成為京都橘參加行進樂隊大賽時的固定曲目，在粉絲之間也相當有名，有時甚至會在現場聽到粉絲聊天時說出「今年〈Swing, Swing, Swing〉的占比變多了」這樣的話。

但，二〇〇八年是〈Sing, Sing, Sing〉的第四年、折衷版則是第一次曝光。由於「橘Sing」在各種場合都受到極大歡迎，因此在關西已經有很高的知名度，在關東卻是第一次登場。

靠自己建立起來的勝利

「第十六組，關西代表、京都府、京都橘高級中學。指揮由……」

在司儀的介紹中，橘色惡魔精神奕奕地上場、排好隊形。

首先演奏〈聖體頌〉，接下來指定演技的曲目〈The Band Wagon〉也表演得很好。曲末薩克管合奏結束後，現場靜默了一小段時間，緊接著的大鼓聲就是下一首曲目的前奏。我在正前方看著這整個場面，會場的反應非常詭譎。

對關西的觀眾而言，〈Sing, Sing, Sing〉是眾所期待的人氣演出曲目，只要「咚咚咚咚咚」的鼓聲一下，現場就會洋溢一股「來囉來囉，終於來了！」的氣氛。

但今天的演奏是京都橘史上第一次，也是最後一次的「橘 Sing 登陸關東」。當時 YouTube 不像現在這麼普遍，對關東人來說等於是第一次接觸「橘 Sing」。由於事前對於這首曲子沒有心理準備與了解，現場觀眾只是愣愣地等著下一曲演奏。

「現在是發生什麼事了？」

所有社員臉上突然堆滿笑容跳了起來！快節奏的舞步與旋律在所有觀眾面前展開，或許觀眾們都沒想到會看到這樣的畫面吧。

整首曲子結束後，社員們擺出最後的定格姿勢，大喊一聲「嘿！」。這時會場再次陷入靜默。彷彿周圍的空氣被抽成了真空。

屏息片刻後，沒想到現場響起一片劇烈的喝采，排山倒海而來，彷彿要將整個會場吞噬。這種狂熱的程度遠遠超過我們的根據地關西。

京都橘高中獲得全國大賽金牌！毫無疑問我們復活了。

一九九八年拿下大滿貫的那一個晚上，我只有「這樣的榮景不會持續太久」、「只是一時的」的感覺，但現在完全不同。

一旦決定要做，就開始思考怎麼做並加以實行，最後得到好成果。這是全體學生們自己創下的勝利，就像我平時常對學生們說的：「大賽成績是平日認真練習的最佳獎勵。」

平常我常忍住不要出手干預學生們的弱弱指導，終於有了回報。身為指導老師，沒有什麼比看到橘色惡魔寫下這個故事更開心的了。

第四章

為了讓孩子們自己思考並採取行動，
需提供怎麼樣的協助

「弱弱指導法」秘笈

感情再怎麼好，「尊重」還是不能少

從失敗中獲得靈感

在全國大賽東山再起之後，橘色惡魔仍然繼續活躍。

二〇〇九年（一〇六屆）全國金牌
二〇一〇年（一〇七屆）三出休賽
二〇一一年（一〇八屆）全國銀牌
二〇一二年（一〇九屆）關西金牌
二〇一三年（一一〇屆）關西金牌
二〇一四年（一一一屆）全國銀牌
二〇一五年（一一二屆）全國金牌

京都橘高中管樂社
〈Sing, Sing, Sing〉

2015 年　　2009 年

二〇一六年（一一三屆）關西金牌
二〇一七年（一一四屆）關西金牌

雖然我在二〇一八年三月離開京都橘，但這一年和二〇一九年，京都橘都拿到關西大賽金牌。二〇二〇年則因嚴重特殊傳染性肺炎（COVID-19）的影響，比賽暫停一年。一想到學生們甚至根本無法練習，就覺得他們很可憐。但不只是京都橘，這一整年對所有的表演者來說，都是非常艱難的一年。

當中尤其以三年級特別令人同情，但除了等待，別無他法。這段期間真的事事不能盡如人意。

如果是小說或電影的腳本，寫到第三章「橘色惡魔，強勢回歸全國金牌！」，應該就能心滿意足地闔上電腦了，但事實上很多事情難以這麼順利。

第四章我想跟大家分享「弱弱指導無法順利執行的例子」，以及領導者如何讓弱弱指導實際發揮功能。

這麼做大家或許就會發現我根本不是什麼魅力型指導者，自曝其短實在有點不好意思，但本書想傳達給讀者的是從失敗中獲取經驗的指導技巧，希望這些失敗的經驗可以對更多人有幫助。

只要心存尊重，上下關係就不會差

在成長過程中，我認為適度的上下關係是必要的。

老師不是學生的朋友，學長姊比學弟妹更高一階也沒什麼不對。這裡所說的「高一階」，指的是學長姊要能讓學弟妹感受到「成長後就能變成他們這樣」，藉以督促學弟妹成長。

反之，如果對於個人成長沒有幫助的話，上下關係就一點意義也沒有。因為這麼一來，在上位的人並沒有比較了不起，也不是比較有能力，只是比較早出生而已，如果只是因為這樣就擁有過多特權，那太說不過去了。若因此志得意滿，一定會出差錯。

上下關係中，還有一件非常重要的事，就是彼此尊重。

說到這兒，不禁想起幾年前橘色惡魔畢業生 Z 回學校實習的事情。看過 Z 的教學狀況後，雖然只是實習，但 Z 都有抓到重點，上課上得很不錯。唯獨一件事讓我有些在意，那就是 Z 對學生說話時，沒有使用敬語。

於是我告訴他：「上課的時候一定要用敬語。這和社團活動不一樣，面對學生的時候，要把他們當作大人看待，說話時也必須尊重他們。」

Z 在橘色惡魔時期擔任指揮要務，是個懂事又聰明的孩子。他的個性並不馬虎，遇到事情時總是深思熟慮。

他的個性明明這麼嚴謹，卻用對待平輩的語氣對學生說話，我知道那是因為他認為自己的年齡與學生相仿、想要拉近距離。或許是承襲擔任樂隊指揮時帶領社員的做法吧。

但，平輩語氣要用在「弱弱指導」才能發揮效果。一旦成為立場較強勢的老師，不管對方是誰，都必須把對方視為同等地位並加以尊重。若不尊重對方，就無法建立起雙方的信賴。

後來 Z 似乎把我說的話都聽進去了。現在他是一名國中老師，也擔任管樂社的指導老師，成績相當不錯。

領導者的立場較為強勢，不論何時都不能忘記尊重身處弱勢的社員——橘色惡魔之間傳承下來的，除了實力之外，還有弱弱指導的ＤＮＡ。一想到這裡，我又不禁打從心底為他們感到開心。

橘色惡魔新生正式亮相

京都橘管樂社最有名的「取綽號」

每年到了三月底，就會有許多剛入學的新生穿著國中體育服來管樂社參加體驗營。新生在櫻花雨中精神抖擻地喊著各種口號，一邊展開行進樂隊的基本練習。

負責指導的學長姊都面帶笑容。每年六月關西地區會舉辦「三千人的管樂」，這是一場大規模的遊行活動，大約從五月下旬開始，練習就會明顯變得非常嚴格。反過來說，只有在五月下旬之前的短暫春季期間，學長姊的臉上才有笑容。

新生還帶著「終於可以加入最崇拜的京都橘管樂社進行練習了！」的稚氣，每個人都開心得不得了，嘴角忍不住笑意。這個時候他們還不知道，隨著練習越來越嚴苛，不只學長姊，自己臉上的笑容也將消失殆盡⋯⋯。負責指導的二、三年級生穿著運動服，胸前都用安全別針別著ＤＩＹ名牌，名牌上寫著自己的綽號。以「〇〇學長」或是「綽號＋學姊」稱呼學長姊，是橘色惡魔的傳統。

參加銅管博覽會的伴手禮是番茄？

決定好綽號、量好練習用的運動服尺寸之後，一年級在入學典禮結束後馬上開始以正式社員的身分參加行進練習。

四月中旬時，在音樂教室黑板上的行進編制圖中，就可以看到一年級的名字。也就是說，他們已經「真正成為橘色惡魔的一員」。難怪一年級會開心到爆炸，因為五月就能在活動中首次亮相。

黃金週結束後的下一個星期天，每年都會在母親節舉辦的這項活動，是關西管樂聯盟全年度第一個活動，同時也是規模最大的「銅管博覽會」。這個遊行活動已經成為關西地區每年春季的傳統活動。

不知道是不是地球暖化的影響，每年的夏天來得越來越早，早上九點到下午四點半左右舉辦的這場戶外活動，不管是表演者、觀眾，還有帶隊的老師們，膚色都會曬得紅通通。

「參加過銅管博覽會之後，管樂社就跟番茄一樣紅，一看就知道。」

教職員室裡每年都會拿這件事開玩笑。如果是運動社團的話，每個孩子都曬得很黑，但管樂社以室內活動為主，不會曬得這麼誇張。尤其是一年級，上高中之前幾乎都在室內練習，不習慣在戶外接受長時間曝曬，所以全都變成了紅通通的番茄。

正因為過於嚴苛，人際關係才成為關鍵

準備銅管博覽會的時候，學長姊都還笑得出來。雖然對待新生不像對待其他學校的客人那麼客氣，不過對橘色惡魔來說，這樣已經算下手較輕了。能得到「學長姊微笑以對」，對京都橘而言完全是VIP禮遇。雖然不會聽到嚴厲的語氣與用詞，但練習時毫不懈怠，會反覆把不會的地方練到會為止。

這對二、三年級來說算是比較輕鬆的過程，但是對一年級來說，經過超乎想像的嚴苛練習之後，遊行時還要連續走路超過三十分鐘。我常說這是一場「全世界最需要體力的遊行活動」，因為活動中需要持續用力踏步，再加上各種動作，真的會消耗非常多能量。

之前也曾多次提及，兼顧音樂與動作是非常困難的，這一點對「行進樂隊初學者」來說，是不可能的任務。

「音樂部分就交給學長姊，你們只要負責動作就好，盡可能跟上學長姊，不要落拍。樂器沒出聲不會被發現，但是動作不整齊的話，整個隊伍就亂了。」

橫山教練和我都是這麼指導學生的。不過，最近的孩子都希望能在遊行時完美呈現。

許多學生說：「我們想在行進間也持續演奏！」聽到這句話我當然很開心，但是不間斷地踩街遊行超過三十分鐘，就連學長姊也都覺得很困難，全憑「我一定要走完全場」的意志力撐到最後。而這應該會超出一年級的體力極限。

遊行終於走到終點之後，各聲部的三年級小組長會用力稱讚自己的組員。

「你們太棒了！大家玩得開心嗎？」

面對小組長笑容滿溢的這句話，一年級都會回答「開心」。但也有學生像跑完全馬的跑者一樣，衝過終點線後隨即倒地不起，接著被前來觀看表演的家長帶回家。

此外，銅管博覽會尚未落幕。遊行結束之後，「祭典廣場」上還有活動，每年的活動內容不盡相同，有時會由二、三年級表演行進隊形變化，把這場表演當作正式大賽一樣認真演出。遊行時已經用盡全身氣力，二、三年級還得擠出全身力氣做隊形變化的行進樂隊表演，這樣的體力令我敬佩，甚至到了令人感動的程度。

經歷幾次這樣的遊行活動之後，一年級便會成為獨當一面的社員。行進樂隊就是這麼挑戰體力的極限，非常累。學弟妹都是從學長姊那邊學習，正式演出時也是集結整個隊伍才能發揮實力，各位讀者應該不難從中了解「團結」對於整支隊伍的重要性。

團隊中是否存在著無謂的上下關係？

我認為「維護尊嚴的上下關係有必要存在」，但也有一些是毫無意義的「不好的上下關係」。

關於學長姊與學弟妹之間發生的不愉快，有一件事我到現在還印象深刻。這件事發生在我即將前往京都橘赴任的那個春假。

平松老師對我說：「我要帶京都府選拔樂隊去美國，麻煩你幫忙看家。」因此我提早進來社團指導大家，就在那時，我看到了令人震驚的一幕。

當時好像是起了什麼爭執，所有二年級站成一排，一動也不動，靜靜地接受三年級大聲斥責。罵得實在太兇了，完全不像高中女生會說出口的話，我心想：「我是來到了什麼地方……」雖然我已經是個大叔了，卻還是被嚇得像小狗般直發抖。

事件的導火線實在不足掛齒。學校的宣傳刊物上刊登了一張畢業旅行的照片，照片裡有幾個把裙子捲得很短的學生是社團成員。這張照片是在海灘拍的，把裙子捲起來應該是預防被海浪打溼。但是社團的社規嚴格禁止社員捲裙子。這對當時的社員來說，是很嚴重的問題。

我是後來才知道整件事情的來龍去脈。當時光聽到高中生居然罵得這麼恐怖，只覺得太震驚了，所以什麼也沒做就躲回準備室裡。甚至還有一、兩個社員被罵到貧血發作，不支倒地。

平松老師是個動不動就會大喊「你們都是我的女兒！」的人，而且他實在太忙了，又是個不論好壞的小細節都不會注意到的人。但我天生就很容易注意到小地方。

這件事令我留下深刻的印象，心想：「有什麼狀況發生的時候，我必須介入才行。」

以前京都橘的上下關係非常嚴謹。像是一九九六年遠赴亞特蘭大奧運會那次，所有的一年級直到飛機抵達當地、落地之前都還非常興奮，吱吱喳喳地吵個不停。

但當有演出活動的時候，一年級都要負責準備和收拾東西，一刻不得閒，而且不管怎麼做都會被學姊碎唸。

行程中我們都是搭遊覽車移動，一個年級搭一部車。對一年級來說，車上是唯一可以放鬆的機會。我和一年級搭同一部車，所有人在每次活動結束後都倒在遊覽車上睡死，這一切我都看在眼裡。

某天正式演出結束後，一年級好像被學姊們罵得很慘，整台遊覽車裡鬧哄哄的，完全不受控。連我在宣布聯絡事項時，眾人仍歇斯底里地大聲喧嘩，完全沒人理我。這時我終於受不了了，把他們罵了一頓，這是我到京都橘之後第一次大聲罵人。同車的還有後來擔任家長會會長的 H，他也出來幫腔說：「大家不要太過分！」才總算把場面控制下來。

任何團體裡都有上下關係的糾紛

真實上演「謀反」！

如果上下關係原本非常穩固，但學長姊不大靠得住，學弟妹又太優秀的話，就會很難做事。在我們第六次沒能進入全國大賽的那一年，就處於這樣的狀態。

「我們沒辦法和那種學長姊一起演奏，我們拒絕共同演出！」

以音樂來形容的話，就好像耳邊突然傳來巴哈的〈d小調觸技曲與賦格〉開場旋律中，風琴「搭拉搭～」的聲音。學弟妹發動了謀反。

因為我徹底實行弱弱指導，故未插手，而且對事情的經過也不了解，所以沒有發言，只是在旁靜靜觀察。過了一陣子我才知道事情的經過，其實就只是一些小事。

以前京都橘管樂社有一個不成文的規定，就是「搭遊覽車出去的時候，一定要讓學長姊先下車」。當初會這樣規定，可能是為了避免推擠造成混亂。但在高速公路休息站，遊覽車往往只停十分鐘，如果要上洗手間的話，實在沒辦法慢慢來。

偏偏那次剛好沒有任何學長姊下車。學弟妹默默地等了五分鐘左右，依然沒有學長姊下車，所以學弟妹就下車去上廁所。結果學長姊開始抱怨學弟妹居然先下車，簡直沒把學長姊放在眼裡，以上就是事情發生的緣由。

學長姊說：「身為學弟妹，態度居然這麼差，沒辦法跟你們一起表演，我們分開吧。」學弟妹也不甘示弱地回嗆說：「好啊，那就分開活動啊！分開就分開。」

雙方你一言我一語，結果整個社團還真的分成了兩半。

那一年的學長姊相較之下比較隨便，比較幼稚一點，不像前幾年那樣拚了命練習。而超級認真的學弟妹大概也為此感到不滿，認為「該做的事情我們都做了，但他們卻用休息上廁所這種無聊的小事來煩我們」。

「我沒有資格當社長……」

說起話來有點大舌頭而惹人疼愛的社長 A 跑到準備室來，哭著跟我報告現在的狀況。

「學弟妹罷吹，跑到別的地方自己練習。女子樂隊慶典就快到了，他們還不願意跟我們碰到面。」

A的個性好到沒話說，也很有人望，但就是有些懦弱。或許是因為「謀反」這種突發狀況帶來太大的打擊，兩位副社長也跟著受挫，就連指揮也無法插手，整個社團呈現膠著的狀態。

耳扒子成為怪手的那一刻

我決定暫時不處理這件事，甚至帶點「讓學長姊吃點苦頭也好，感覺蠻有意思的！」的心態，靜觀其變。那一整個星期左右，社團的氣氛真是差到極點。

學長姊非常固執，學弟妹則是頭都洗一半了，只能繼續撐著。等到雙方都快沉不住氣時，我決定把所有一年級找來。

我請大家盤腿坐在地上，我也跟著坐下，對他們說：「你們真的很棒。我知道社團裡有很多沒必要的規矩，以前的學長姊是小心翼翼地用耳扒子慢慢挖，想把這些規矩挖掉。結果你們一來就用怪手『唰！』地一下全剷平了，幹得好！」

發動「謀反」的一年級好像沒預料到我會這樣稱讚他們。

「但是啊，女子樂隊慶典你們打算怎麼辦？京都橘要開天窗了嗎？」

對行進樂隊來說，音色渾厚也是很重要的。所以人數越多，演奏的表現就越好。如果一年級都不參加，那麼隊形就亂了，即使硬著頭皮上場也沒辦法呈現完整的演技和演奏。所有人都知道這個情況，所以這就成了雙方和解的切入點。

最後，所有社員都參加了女子樂隊慶典，一個也沒有少。但，當中的隔閡應該沒有完全消失吧。

其實我到現在也搞不清楚當時一年級是怎麼想的，究竟是「今年先讓他們，等我們升上二、三年級後再說。」還是我稱讚他們「幹得好」讓他們消了氣？

但有一件事是確定的，那就是橘色惡魔可以將自己的堅持和情緒擺在一旁，以正式演出為優先。大家都有此共識。

介入弱弱指導時的三個重點

「外出搭遊覽車時，要等學長姊都下車後，學弟妹才能下車。」

「音樂準備室的冰箱只有三年級能使用，沖泡麵的熱水也只有三年級能用。」

社團裡很多這種無聊的規矩，而且非常細瑣。我每天必喝寶特瓶裝的麥茶，每次要放進冰箱時，總會看到冰箱裡塞滿了果凍、布丁，完全沒有多餘的空間。

發生謀反事件的時候，我忍到最後一刻才把一年級找來、聽聽他們的講法。雖然事情最後就這樣解決了，但強行介入社團自治的弱弱指導之中，心裡其實還留有一絲徒勞無功的感覺。我心想：「乾脆再攻一波！」於是隔天就把二、三年級找來。剛到京都橘任教時，看到學長姊對著學弟妹狂罵的時候，我只是個嚇得跟小狗一樣驚慌失措的大叔，沒想到這時已經蛻變成有點強勢的馴魔師。

「練習很辛苦、肚子會餓，不管是哪個年級都一樣。想吃冰冰涼涼的布丁、熱呼呼的泡麵，這跟學年無關吧。我覺得『只有高年級可以』相當不合理，不過這只是我的想法，你們覺得如何？」

我並沒有告訴他們「你們得這樣做」，這樣就不是弱弱指導了，而且就會變成是我訂下的規矩。

「我是這麼想的，你們覺得如何？」

我總是這麼說，讓孩子們自己思考、自己做決定。

當然我也可以生氣翻桌說：「到底搞什麼啊，不就是冰箱嗎？不能大家開開心心共用嗎？而且也要有空間冰我的麥茶啊！」但這麼做只會讓社員在表面上服從，心裡是不會認同的。

與其要求孩子們聽話，更重要的是讓他們自己找到答案、讓他們願意認同，我認為這才是所謂的「教導」。

❶提出自己的意見，但不強迫對方接受。

❷讓他們自己思考答案。

❸不強迫孩子們接受，而是尋求認同。

這麼做雖然花時間，卻可以從根本解決問題。如果想交由孩子們自治、貫徹弱弱指導的話，就千萬不能心急，要努力壓抑住「好想告訴他們怎麼做！」的心情。

自律就是最好的規律

這件事情最終還是由孩子們自己解決了。當初發起謀反的一年級，在一年之後成功進行了改革！

這一屆升上三年級之後，自己跳出來說：「學校規定學生不能使用冰箱或熱水，但是最高年級卻可以，這樣實在不合理。」他們在終於輪到自己可以用冰箱的那一年，提出了這個想法。

我的麥茶之所以被逼到無處可去，是因為高年級擁有治外法權，享有使用音樂準備室裡的熱水和冰箱設備的權利。

「不管幾年級，以後禁止所有學生使用音樂準備室。」

「社團活動期間禁止飲食。」

這些其實都是理所當然的，但以前沒人遵守。而現在出來指正這件事的，不是顧問老師，而是社員。

不是因為聽從上面的指示，而是自律。正因為如此，才能成為不可動搖的規律。後來的每一屆學生都非常遵守這個分寸，身為顧問的我總算能隨時喝到冰涼的麥茶了。

發生麻煩時，正是重大改革的最佳時機

整個團隊的好壞決定於「中間層」

由幹部這個「橋梁」展現出的弱弱指導，只要經過定期校正、維修，就不會出什麼問題。此外，弱弱指導是由經驗豐富的三年級來教什麼都不懂的一年級，是非常自然的一件事，放任不管也能順利進行。

但社團內卻經常發生三年級和二年級處不來的狀況。因為上下屆很容易變成對手，而且人都是這樣，稍微有一點權力之後，就會想要反抗比自己更有權力的人。甚至可以說是二年級不可能乖乖聽三年級的話，幾乎都會對三年級帶著敵意。或許，這就是之後發生過好幾次「謀反」的原因吧。

就在二年級認為「學長姊的做法太溫吞！」而策動謀反的那一年，我決定充分利用孩子們的這種敵意。

首先我把二年級全部找來，請他們坐在地上聽我說話。

「如何度過『二年級』這一年，是高中三年裡最重要的事情喔！一年級的時候，大家都把所有力氣花在努力跟上其他人的腳步，好不容易終於習慣了，眨眼之間一年也就過了。三年級是樂隊的主角，會決定這個樂隊是怎麼樣的風格，而且也必須為整個樂隊負責。但是啊，樂隊的好壞，其實是取決於被夾在中間的二年級。」

以公司為例，一年級就好像剛進公司的「菜鳥」，每天只顧著學習如何做事，日子就這樣過了。問題就在於二年級，也就是「中堅分子」或是「中間管理階層」這些可憐的夾心餅。他們會被慢慢累積能力的屬下所批評，但同時又不得不服從上司，該做的事堆得跟山一樣高。此時，正是看出一個人價值所在的時候。

要怎麼過這一年？是要在批評高年級之中度過？還是好好和高年級配合、從他們的失敗中學習並從中獲取養分，等到自己升上高年級之後可以做得更好？將會有很大的差別。

「團隊整體的目標」比「對錯」更重要

每次向二年級說這些話時，我都會再多講一件很重要的事情。

「大家有很多事想對學長姊說，這個我懂。但是啊，各位不妨在憤慨地想著『等到我們當家的時候』的同時，試著跟三年級配合一下。你們覺得百分之百配合三年級、讓他們比較好做事，是為了什麼？」

「下面的人乖乖服從上面的人，好好地給我遵守長幼有序這個規矩。」如果這麼說的話，很容易造成誤解。為了避免這種事發生，我丟出問題後，會逐一看向每個孩子並且繼續說著：

「這麼做是因為可以得到好成績，不是嗎？各位的目標是什麼？大家進到京都橘、參加大賽，不就是為了拿到好成績嗎？不就是為了看到觀眾開心的樣子？如果是的話，要怎麼做才能達成？跟三年級作對、證明自己才是對的，這樣能拿到好成績嗎？我不這麼認為。如果各位真的是為了欣賞表演的觀眾而演奏，那麼，『能不能贏過學長姊』根本無所謂。」

但我不會要求他們應該怎麼做。陳述完自己的意見之後，我會再加一句：「請大家仔細想想。」

這就是弱弱指導的重點之一，「將目標明確化」。

如果流於感情用事，誤以為目標是「證明到底是學長姊對，還是自己對」，將永遠無法解決問題。身處同一個團隊，不論如何對立，目標都是一致的，我只是讓他們重新想起這個理所當然的重點。

因為分屬不同學年，所以產生對立；因為分屬不同部門，所以產生對立。很多人常會遇到團隊之間產生爭執、風波之事，這麼做實在短視近利。我們應該將槍口一致對著敵人，也就是「團隊以外」的敵人。

不是我自誇，這個做法的效果好像還不錯。

例如二〇〇七年我們以〈Sing, Sing, Sing〉，在相隔七年後重新進入全國大賽時，當時的三年級是一〇四屆，比較屬於「我要盡情享受學生生活」的類型，個性比較悠哉、溫和。而一〇五屆的二年級覺得「學長姊真的太溫吞了」。不過後來他們將目標明確化，也就是「贏得大賽才是我們的目標」，從此便完全服從三年級的指示。

這群個性溫和的三年級雖然欠缺鬥志，但卻很會炒熱氣氛，只要人際關係處理得當，就能發揮實力。如果能順利拿下「京都府代表」和「關西代表」，讓整個樂隊處於有信心拿下冠軍的氣氛中，自然就能改善整體的氣氛。果然，那一年我們就拿到全國大賽的門票。

而當一〇五屆升上三年級時，讓大家看到他們拿到了更好的成績，也就是全國大賽的金牌，正好證明了我所提倡的「二年級最重要」的想法。

間接稱讚更令人印象深刻

即使沒有發生任何風波，每次有機會和二年級相處時，我也會在大家面前稱讚三年級的每一個人。

「或許你們把他視為眼中釘、覺得煩，但要找到他這種人其實很難得耶。」

「某某某真的很有才華喔。我看人看了二十年，像他這樣的人，十年才有一個呢。」

我會趁著三年級不在場的時候這樣稱讚他們給學弟妹聽。我會稱讚社長、副社長等幹部和指揮，但不會只稱讚幹部而已。我也會稱讚某個社員，像是「看到某某某的笑容，真的讓人精神都來了」這樣的話。

但我不會刻意把不大優秀的孩子說得很優秀。而且，「優秀」只不過是判斷人的眾多標準之一，只要認為某人做得好，我就會稱讚，不管再小的事也一樣。再說，一味稱讚所有人也不對，有些社員我並不覺得他們很棒，那就一句話也不會提到，因為我不願意說謊。

如果是面對整個社團時，我則會說：「剛剛三年級很認真練習，真的了不起。」、「這個學年很有品味耶，搞不好他們具有神來一筆的靈感，足以彌補偷懶的壞習慣喔。」之類的話。

我說這些話只想透露一個訊息，那就是「三年級有這麼多優點，身為領導者的我非常信任他們。三年級跟你們一樣都是弱者，雖然是弱了一點，但還是有很多厲害的地方。希望大家都能崇拜學長姊」。

打破慣例！

放任不管，導致規矩越來越多

還沒有招收男生之前，京都橘管樂社有一條規定是「到操場練習時，三年級不用拿東西，由一年級負責搬運所有的樂器」。

演奏人數較多、樂器體積相對較小的長笛或單簧管，比較沒什麼問題。但如果是笨重的蘇沙號等樂器，人數又少，學弟妹就會非常辛苦。我曾看過一年級雙肩各揹一個樂器，脖子再掛一個。

然而，社團隨時會進行細微的改善，像是一年級升上三年級之後就廢除規定等。自己當菜鳥時有過不好的經歷，升上高年級之後廢除這些規定。我認為這種改善的行為即屬進化。

話雖如此，但由認真女性所組成的團體就是喜歡照規矩來，換成是高中女生也一樣，說不定還更嚴格。有時候規矩甚至越訂越多，要求大家一起遵守，形成一種不好的傳統並持續蔓延。自己當媳婦時被欺負，本來說好變成婆婆之後就要破除這些規矩，結果等到自己當上婆婆後反而訂下更多規矩，這種情況蠻常見的。舉例來說，某次社員來準備室找我時，我發現了一件事。

「叩、叩、叩」

社員進準備室之前都會敲門三聲，好像某種暗號似地，接著說：「打擾了！」才開門進來。我問他們為什麼，得到的答案是「社團規範裡說要敲三次」。社團規範是一本規定哪個職務要做什麼事情的指南，聽說不知道什麼時候開始多了一條「進入顧問老師的房間前，敲門要敲三下」。

我告訴他們這個規定太奇怪了，於是廢除了這條。但除此之外，還有其他像是樂隊隊規、規章、指南，甚至更多不成文的規定。

像是：

●襪子只能穿「那個襪子[7]」，其他一律禁止。

●禁止使用手機。

校規規定只要是白色襪子即可，當然也包含「那個襪子」這種織法的襪子。至於手機，只要遵守「在學校內關機」就可以帶到學校。因為如果練習結束的時間比較晚，要請家長來接的話就必須使用手機聯絡。而且隨著橘色惡魔的知名度越來越高，開始出現一些跟蹤騷擾的粉絲，學生帶著手機也比較安全。但如今不知為何被納入社團規範而予以禁止。

●一定要主動在學長姊看到自己之前就先打招呼。

●在學長姊換好室內拖鞋之前，不能打招呼。

其他像是禁止隔著窗戶打招呼、學長姊在餐廳吃飯時也不能打招呼、在樓梯上站得比學長姊高的話是以下犯上，也禁止打招呼——到了這種地步，很多規定根本是在開玩笑。

制定消除規範的規範

某一年的二年級要升上三年級的時候，提出了這樣的要求：「希望把社規和規範改得更簡單。只要遵守校規、讓我們可以集中精神練習，這樣就夠了。」這些即將成為新任社長、副社長和指揮的新幹部成員，在與三年級交接的同時，也進行了規範的改革。

聽說他們花了兩個月，利用吃便當的時間逐一審視所有規範，決定哪些留下、哪些刪除。後來他們向我報告這件事，我只告訴他們：「你們就放手去做做看。」

新幹部向大家宣布：「只要不違反校規，穿什麼襪子都行。」結果聽說有個一年級社員哭了出來：「穿普通襪子就進不了全國大賽了！」其他人聽完也跟著哭了，紛紛表示：「對啊，一定要『那個襪子』才行。」在這邊跟大家說明一下，這裡指的並不是橘色惡魔隊服的

---

7 那個襪子： 並非具備特別特徵的特定商品，只是藉此強調社團內部對於「襪子」這種細節也有強烈徹底統一意識的文化。

黑色高筒襪，而是進出學校時穿的學生襪，所以其實跟比賽一點關聯也沒有……。站在成年人的角度，至少我是這麼想的。但一群十幾歲的女孩聚在一起的時候，就是會發生這種事。更何況所謂的「團體」，總是會不知不覺被狹隘的規範所束縛。

幸好這群新幹部非常成熟，他們似乎預料到會有這種反應，面帶笑容迅速地安撫好每個人，順利解決了這件事。

但之後還是又冒出了一些新規範，簡直就像打地鼠遊戲一樣。二〇〇〇年起，學校改制成男女合校，於是理所當然地多出一條「禁止社員之間談戀愛」。

這種奇怪的規矩就像雜草一樣，拔掉之後還會再長出來。於是我每隔兩、三年就把所有人集合在一起，請大家把「覺得沒有必要的規定」寫下來。我特別想知道除了社團規範以外，還有哪些潛規則或不成文規定，一一列出後才發現居然高達兩百條。

我請大家花幾個小時好好聊聊，逐一審視並減少規範的數量。最後幹部和指揮終於主動站出來主持，重新制定新的規範。只不過，花了二十三年歲月，沒有必要的規定還是像雜草一樣不斷冒出來。

絕對不能說的一句話「我們也是這樣走過來的」

當我指出哪些規範沒有必要存在時，其實社員們也都知道。尤其身為橋梁的幹部們都是聰明的孩子，常在我開口之前就會先察覺。

「我們以前就覺得這些規定很怪，但顧慮到傳統和規矩，沒辦法在我們這一屆突然改掉，而且這樣可能會被畢業的學長姊罵，也會引來學弟妹的反感。不過，我們還是覺得應該把奇怪的規定改掉。」

因為有學生來跟我這樣說，所以我告訴他們：「老師站在你們這一邊，你們應該自己想出能和大家取得共識的做法。」

通常低年級都希望規矩越鬆越好，所以不需要太過操心。問題在於和幹部同學年的三年級，每個人都有不同的想法，有些人喜歡規定，也有些人喜歡自由自在。就好像政治一樣，保守派和改革派永遠在拔河。

「我們加入社團以來一直遵守著嚴格的規定。但現在對一、二年級這麼好，帶得動他們嗎？這樣會不會太鬆散了？」

不管哪一屆都會發生這樣的事。就算這些孩子都出生於二十一世紀，但只要是人，似乎都很喜歡「以前留下來的規定」。

我把幹部找來，建議他們用一句口號來說服大家。

這句口號就是：把「我們也是這樣走過來的」這句話列為禁語。

「就算自己是這樣走過來的，也不代表這就是對的。有些規定是以前不得不遵守，但是從整個社會的角度來看，根本不合時宜，不合適的規矩就在你們這一屆廢了吧。」

提倡改革的人通常都會受到排斥。畢業生會責怪他們「沒有能耐把學弟妹壓下去」，同學年的會覺得他們「故意討好學弟妹」，學弟妹則為了「穿錯襪子就不能拿金牌」這種莫名其妙的理由哭成一片，真可說是四面楚歌。但這時候更要讓孩子們努力加把勁，弱弱指導便能發揮功能。

「老師告訴你們，雖然很多人把『我們也是這樣走過來的』這句話掛在嘴邊，但其實只會墨守成規的人都是些上不了檯面的傻子。可以顛覆傳統的，就屬社團幹部了。如果你們能完全剷除『我們也是這樣走過來的』這個傳統，甚至值得在校門口幫你們立銅像表揚。萬一因為改革而出了什麼意外的話，我就建個超大的前方後圓墳[8]祭拜你們！」

京都橘高中雖然冠上「京都」兩字，但其實位於ＪＲ奈良線的沿線，所以我故意用飛鳥時代的先人跟他們開個玩笑。

結果直到我離開學校之前，既沒有立銅像，也沒能在高松塚古墳旁增建新的前方後圓墳，但每一屆的幹部都非常努力。

「就算遭受批評仍堅持做正確的事，都是英雄。」

我將這個觀念告訴「橋梁」，「橋梁」再傳達給所有人，讓這個觀念滲透到所有學生之中。這就是我的改革方式。

8 **前方後圓墳：**日本古墳的一種建築形式。

直接指導的三種「例外」

強校才會發生社員之間的強烈競爭

京都橘是管樂社的傳統名校，又是強校，所以像是誰可以成為比賽時的固定成員、誰吹獨奏、誰來當各樂器小組長等內部競爭非常激烈。

當然，每個社員都有「絕對要進入全國大賽！」的決心，所有人團結一致才能達到這個目標。但社員人數這麼多，現實情況就是有些人能上場、有些人不能上場。這是非常嚴肅的問題。

演奏會（室內）的甄選由我、行進樂隊的甄選則由各部小組長列出推薦名單，再由我做最後審核。

如果三年級的小號只有兩個人的話，雙方就會抱著「這次演奏會我吹獨奏、下次換你獨奏」這樣的默契，兩個人都能輪到。

但如果是人數比較多的學年，例如「一個學年有七個小號」的話，一定會為了誰吹獨奏而吵起來。

於是社員人數特別多的一一一屆幹部就決定「完全以實力做為篩選基準」。也就是說，除了由我負責甄選的管樂演奏會之外，其他的活動就由社員之間進行甄選。

本來是經常一起練習的好夥伴，突然變成「一鬆懈下來就會輸給他」的競爭對手，雙方都帶著警戒，我想一定承受了很大的壓力。為了公平起見，甄選的時候大家都要閉上眼睛，用舉手表決的方式決定。但因為經常一起練習，即使閉上眼睛，光憑感覺還是猜得出是誰，所以就有社員認為「這種甄選方式根本就不公平！」。

在這樣的背景下所發生的爭執，平常採取弱弱指導的我會破例出面處理。

以下三種狀況，我會直接出聲介入：第一種是惹事的社員；第二種是太過自滿、簡直飛上天的社員；第三種則是打算退社的社員。

排除糾紛，而非排除學生

容易惹事、問題較多的孩子，通常都是團隊裡同儕壓力的主要來源。最明顯的例子，就是先前提到「都是這樣走過來的」這一類無言的同儕壓力。這些孩子有時會成為幹部推動改革時的阻礙，非常棘手。

當我接收到「某某某的技巧很好、個性也很倔強，我們沒有把握說服他」這樣的訊息時，就會告訴學生：「接下來交給老師處理，我會負責找他來談談。」即使是在同儕之間堅持不讓步的麻煩製造者，面對老師時通常不會說出太誇張的話。

我會對他們表明「我們好好談談，直到你能接受為止」的態度。當我真誠面對學生，通常他們就會願意慢慢敞開心胸、說出真心話。當社團發生糾紛、需要排除糾紛時，不該排除態度強硬的社員，而是要有耐心地排除態度強硬的社員「心中的成見」。

不能讓表現好的孩子自滿的真正原因

也有一些學生是大家公認地優秀。動漫或電影中幾乎都會出現這種特別優秀的孩子變得不可一世，不把大家放在眼裡的場景。

但事實上，有才華的孩子都非常謙虛。或許因為管樂社是團體活動的緣故，越有才華的孩子，越是清楚在團體中太過突出的話越無法發揮實力。

當然，有些孩子會誤判情勢。出現這樣的社員時，我都會趁早挫挫他的銳氣，讓他不要太得意自滿。

「我看過太多管弦樂專家了，你算哪根蔥？不可以這樣沾沾自喜。」

我只會在單獨面對面的時候說出這麼嚴厲的話。但之所以把話說得這麼重，並不是因為驕傲的社員會對團隊帶來不好的影響。而是如果社員過於自滿，開始作怪之後，容易惹來其他人的排斥，使他的才華無法在團體裡發揮。為了避免這樣的事，我才會把話說得那麼重。在團體裡太過突出而無法充分發揮才華，對當事人或整個團體來說，都非常可惜。

開始招收男社員之後，我甚至曾在眾人面前出手挫他的銳氣。因為如果優秀的男孩子變得驕傲自滿，同一組的女孩子通常就會開始盲從，不得不防。

不可思議的是，雖然我把話講得那麼重，但從來不曾因此被學生記恨。那是因為我在更早之前曾經親口對當事人說：「我最了解你，非常認可你的才華。」有沒有這層信賴關係，會有很大的差別。

不要埋怨退社的人，也不要讓退社的人心存怨懟

經營社團，不管再怎麼周到、謹慎，一定還是會遇到某種程度人數想退社的狀況，這是難以避免的。

但因為我採取的是「不教導，盡可能不跟幹部以外的社員直接對話」這種稍微特殊的做法，所以幾乎每一個社員都以為「老師根本連我叫什麼名字都不知道」。尤其是想要退社的學生，幾乎都是自我肯定低落到谷底的孩子，很多人都會抱著「就算我退社，老師也不會發現」這種鑽牛角尖的想法。

事實上我不但記得每一個社員的名字，甚至還知道每個社員的一些小故事。

「你以前是〇〇國中管樂社，對吧？我記得你進高中前還曾經跟當時的指導老師來學校參觀。」

「定期演奏會那天你媽媽有來，你記得當時的情景嗎？」

「被學長姊那樣對待，當時你一定很難過吧。」

「你有通過那一場比賽的甄選，真的很為你開心。你也是受到肯定的啊。」

能不能在當事人的面前說出這些發生在他身上的小故事，是這個人最後會不會退社的關鍵所在。

本來他以為指導老師根本不可能記得自己的名字，沒想到卻對他這麼了解，幾乎所有人都會在這個時候打消退社的念頭。

之所以會下這些功夫，是因為如果某些人為了技巧的問題而考慮退社，那麼希望透過指導提升這些人的技巧，進而將他們留下是很困難的。

在音樂的世界裡，有些人不管花費多少努力，就是無法成長，現實就是這麼殘酷。運動或繪畫的領域或許也是如此。

但我們「只不過是高中的社團活動」，並不是每個人都要成為指揮或樂器獨奏家，技巧並非一切。除非這個社員打算報考音樂大學、希望成為職業演奏家。很早之前，我就決定不要把焦點放在技巧上。

有些社員三年來從未通過演奏會甄選，永遠是二軍，畢業之前一直擔任候補，未曾上台。這樣的孩子如果在二年級前後表達「想要退社」的意願，我就會找他們來談。

「其實，我投注更多關心的是像你這樣不特別起眼的社員喔。你們每一個都是我最可愛的學生，對管樂社來說，缺少任何一個人都不行。不管別人怎麼想，對我來說，你就是不可或缺的。就算對自己沒信心，但當你因為身體不舒服而沒來參加練習的時候，整個團隊的氣氛是完全不一樣的。每次看到你認真練習的樣子，真的非常開心。如果你真的要退出，老師會很難過的。」

雖然不是百分之百有效，但這樣談過之後通常效果很不錯。擔任管樂社的指導老師這麼多年，像京都橘這種大規模的社團，主要的工作並不是音樂上的指導，而是在於掌握人心和社團管理。

如果好說歹說都勸不回來的話，我就會告訴他：「老師很高興看到你這段時間這麼努力，這一段經歷將會豐富你未來的人生，讓你引以為榮。」就算最後他還是選擇退社，但至少對於過去這段時間的付出不會感到後悔。

貫徹觀察與公平

少有機會傳達的指導老師

一般的社團指導老師會有很多機會透過練習向學生傳達很多事情，但在京都橘擔任指導老師的我比較特殊一點，相較於其他社團，我的「傳達機會」非常少。

前文曾提及管樂社會參加的比賽有「室內管樂合奏」和「行進樂隊」兩種。許多會同時參加兩種全國性比賽的社團，都是社員人數一百五十人左右規模的學校，並將社員分成「室內管樂合奏組」或「行進樂隊組」，或是採取「一、二年級在行進樂隊，升上三年級後轉室內管樂合奏」這樣的分階段調整方式。

而像京都橘這種一百人上下的規模，室內管樂合奏和行進樂隊的成員是一樣的。如果只偏重其中一種進行練習，練習比重較少的項目就會沒有勝算。而京都橘特別著重的部分是行進樂隊。

我的專業是管絃樂，如果把重點放在室內管樂合奏的話，其實我可以顧得更仔細，可惜事與願違。

因為行進樂隊的活動到六月下旬才會告一段落，可以開始室內練習的時間則是在期末考結束、進入暑假之後。也就是說，若要參加八月首週舉行的京都府室內管樂合奏大賽，練習時間只有短短兩個星期。

其他學校可以花半年時間準備比賽，但京都橘只有兩個星期！而且我們是管樂的傳統名校，「必須」在府大會留下還不錯的成績。不管學生再怎麼優秀、再怎麼努力，我們完全沒有任何時間可以浪費。

兩星期內看到成果的超快速指導法

我會用七種顏色的螢光筆，分別將樂譜上每一個聲部的①主旋律、②副旋律、③對位法、④第二對位法、⑤節奏、⑥和聲、⑦低音等樂曲元素畫出來，特製專屬的樂譜。

這部分也採取弱弱指導，讓各部小組長帶回樂譜，要求每位社員在自己的聲部塗上顏色。如此一來，社員們就能理解整個曲子的結構，例如「這裡是粉紅色的主旋律，是我們這個樂器的重點所在」。

同時也可以依照顏色區分，像是「今天來合奏這個部分的黃色和水藍色」，只要在各聲部小組長的指導下針對某些重點反覆練習，整體就會合奏得非常好。像這樣重新製作特別設計的樂譜，不是我自誇，還真的蠻困難的。我還會把整段演奏錄下來，有時候為了抓出更細節的部分，例如哪個地方合奏得不好，甚至熬夜到天亮。

二〇〇八年擔任京都府選拔樂隊的指揮時，擔任聯盟董事的老師們對於我製作出這樣的樂譜，感到非常驚訝，覺得「怎麼會有這麼浪費時間的練習方法！」，還問我如何指導合奏，但對我來說其實是逼不得已。時間只有短短兩週，而且我還身兼教職員的其他工作，必須透過遙控方式進行指導，除此之外別無他法。

即便如此，我們還是在京都府室內管樂合奏大賽中拿到十九次金牌，入圍過五次關西大賽。比喻為運動社團的話，京都橘的室內管樂合奏大概就是「維持在京都府的八強，偶爾可以進入準決賽」，可說是一個能看到成果的最佳策略。

我也不是沒想過「只要再加強練習，說不定就能在全國大賽的舞台上為這些孩子們指揮了」。但既然「團隊的目標」還是放在行進樂隊，我能做的就是創造出「可以在兩個星期內看到成果的指導法」。另一件我能做的就是即使相處時間再短，也要下功夫認識每一個社員，即為「觀察」。

弱弱指導中，最重要的就是「觀察」

以音樂指導老師身分和社員們相處的時間只有短短兩個星期，而且還經常是遙控的指導方式。

平常我都一個人關在準備室裡，行進部分的指導交由橫山教練負責。其他不論是社團會議或是音樂指導，除非必要，否則我都不會多說一句話。我會和社團幹部與指揮開心閒聊，但只會把問題拋出來，讓他們「自己試試」，盡可能不要過問。

如果他們來找我商量的是「方向對不對？」，需要指正時我會直截了當地表示「這樣不對」；如果他們找我商量的是「這麼做好嗎？」，我則會鼓勵他們「你們做得沒錯」，藉以提升他們的自信。

雖然我刻意和社員們保持距離，但卻能掌握每一個人發生的小故事，甚至在需要的時候用這些小故事抓住大家的心，這是因為我非常認真「觀察」每一個人。弱弱指導的「裝聾作啞」，必須建立在超越默默守候的「觀察」上才能成立。

各個社員的詳細訊息主要都來自社團幹部，但幹部們會加入自己的主觀印象，所以有時獲得的訊息並非完全正確。

如果和社員之間只有最低限度的溝通（回答、打招呼、傳達某些事情），那麼就只能靠自己觀察了。因此我就好像祕密警察一樣，就連社員之間不經意的一句話都不放過，進行取捨（通常都是「捨」）後再存進我的資料庫。結果很多社員都說：「老師好像把我們的一切都看透了。」這應該表示我的觀察做得還不錯吧。

聽說甚至有人謠傳：「這裡一定有裝監視器，老師都在準備室裡看監視畫面吧。」

如何有效運用觀察得到的訊息？

儘管觀察非常重要，但更重要的是如何運用觀察後得到的訊息。

前面曾經提及如果跟某些社員關係太好，幾乎每個社團裡的女孩之間都會產生「為什麼老師只跟某人說話，完全無視我的存在」的忌妒心，所以我特別留意稱讚的方式。仔細觀察後逐一跟社員說「老師看見了你在某方面的努力」，這樣的做法當然最受歡迎，如果只有社團幹部的話還好，但實在不可能對每一位社員都這麼做。

學生們都會希望老師「看到自己、了解自己」，但和學生說話時，一不小心就可能招來「偏心」或「性騷擾」的誤會。

所以我決定避免當面直接稱讚。先前也曾提到我會在只有一、二年級集合的時候稱讚三年級，像是「三年級的某某某真的很不簡單喔」，這些話會等到當事人即將畢業時，才會當面直接告訴他。

「因為你那麼努力，才能做得這麼棒。謝謝你三年來為社團付出這麼多，辛苦了。」

我會在最後一刻找機會對每個三年級像這樣說幾句話，每個人聽完之後都會感動得嚎啕大哭。但在那之前，我會將各種機密訊息牢牢藏在心中，絕不輕易透露。

表達對學生的理解，而非一味稱讚

除了三年級畢業離開社團等特殊場合，否則我在觀察後獲得的訊息，都只會運用在整個團體，而非針對個人，並且通常不是稱讚，而是慰勞大家的辛苦。

原本開開心心的一年級新生，通常都會在六月的「三千人的管樂」之前失去笑容。因為禮遇時期已經結束，練習變得越來越辛苦，不論是一年級或是二、三年級，都完全失去了笑容。如果沒辦法熬過這一關，就無法展現自然的笑容。

尤其是一年級，對京都橘憧憬已久，沒想到嚴格的程度超乎預期，許多人都會陷入「好想回家、怎麼會那麼累」的恐慌情緒。這個時候，我就會請一年級到另外一間教室集合。因為社團的最高負責人平常很少露臉，所有一年級都會緊張得面無血色、直挺挺地站著，不知如何是好。因為他們知道自己表現得不好，所以覺得接下來一定要被罵了。

每年我對一年級說的話都差不多。

「怎麼樣？很累吧。大家都很累，我都知道。」

這時，所有人都會放聲哭出來。

然後我會說：「好了，好了，大家靠過來。」接著請大家坐在地上。等到所有人圍成一圈坐下後，我再慢慢跟他們說：

「你們覺得自己好累，但其實最累的是誰，你們知道嗎？最累的是三年級喔。三年級要照顧什麼都不懂的一年級，正式演出是六月二十四日，他們擔心得要命，很怕會在自己這一屆丟臉。雖然他們很嚴格、說話很兇、常常罵你們，但是我希望大家了解，三年級真的快累死了。」

話說到這裡，一年級才第一次了解到要用團隊的觀點來看待事情。這時哭聲還是此起彼落，但大家臉上開始恢復血色。

「現在大家都了解三年級最累了嗎？」聽到我這麼問，所有人會大聲回答：「了解！」

「不用這麼大聲沒關係。此刻只有你們在場，聲音不夠大也不會被學長姊罵，不用這麼用力沒關係。」

聽到這裡，一年級似乎都會覺得「老師是站在我們這邊的」。等大家稍微冷靜下來之後，接著我會問：「你們覺得要怎麼樣才能讓自己不要那麼累？」然後讓每個人都回答。

「老師也有一個好辦法。能想到這個答案的人，今年秋季就能成為十年難得一見的優秀副指揮喔。」

這時大家差不多都已經恢復平靜。

「因為你們都只看著自己的累，所以才會覺得更累。當你覺得自己最累的時候，就去勾住隔壁座位同學的手臂，因為隔壁的人一定也覺得自己最累。痛苦的時候，就和另一個痛苦的人結為盟友，幫助另一個痛苦的人，和對方結為同一國的戰友。像這樣和其他人互相鼓勵、互相連結的時候，我想應該就不會那麼痛苦了。」

講到這邊，就能建立起「共同分擔痛苦」的情感，使整個學年更團結。大家就會想：「沒錯，我們一年級自己要更努力！」每個人都會因為鬥志高昂而漲紅了臉。而立志成為指揮的人，更會覺得「我一定要最努力」，所以臉色漲得比其他人更紅。

這個階段的一年級還稱不上橘色惡魔，而是動不動就會變得跟「番茄」一樣紅。

重點在於與「橋梁」取得共識

這樣一年級就團結在一起了，和我之間也產生了情感連結。不過，光是這樣還無法充分傳達弱弱指導的重點。

要如何不讓氣氛只停留在熱血指導老師充滿感動的精神喊話，秘訣就在於要讓三年級社團幹部和指揮也知道我和一年級的對話。

因為一整學年的行程表是早就確定的，所以大家都知道一年級會在什麼時期覺得最累、最痛苦。我會在一年級開始失去笑容的時候，把幹部找來和他們商量說：「來來來，我問你們喔，差不多可以跟一年級說那些話了嗎？」

只要說「那些話」大家就懂了，這其實蠻不簡單的，幹部們都知道我指的就是以「大家都很累吧」（一年級就會大哭）作為起頭的「那些話」。

我會試探性地先問：「我覺得差不多是時候了，今天怎麼樣？」有時候社長會很冷靜地回答：「老師，指揮說今天想把步法練習做收尾，可以明天嗎？」

「不行，明天我有會議。」我們會像這樣一起調整時間，而擔任橋梁角色的幹部也會把這件事情看成以自己為主，認為「是我們利用老師去對一年級說這些話」。

和幹部聯手合作，才是弱弱指導的真諦。只要他們能把我當作「接受幹部的操控，負責讓一年級感動的有趣大叔」，這樣就夠了。

藉由團體與團體的對立來創造「討論的機會」

在京都橘裡，如果由具備魅力型領導性格、什麼事都想掌控的學生當上幹部，其他社員並不會悶不吭聲。任何一個社員在同學年之間都能說出自己的想法，而幹部也都會聽進去——或許因為雙方都是以團體對團體的方式進行討論吧。

例如所有三年級對上所有二年級，也就是所謂的團體戰，像這種狀況是整個年級團結起來為自己而戰。領導二年級的副指揮就算平常個性再怎麼溫馴，也會語氣強烈地說出「我們一定要藉這個機會跟學長姊說一件事，○○○，你覺得怎麼樣？」這樣的話；而三年級也會有幹部出來要求所有人發表自己的意見。

即使有學長姊、學弟妹的上下關係，但在同一個年級裡，所有人都是平等的。一般來說，同學年之間就算表面上相處得很好，還是多少會有階級之分。但京都橘的傳統真的就是每個人都是平等的。

即使是同年級裡不起眼、脾氣好的孩子，面對個性尖銳的孩子也能冷靜地說出自己的意見。就像小夫敢對胖虎發脾氣、大雄也能勇敢說出自己的主張——這就是橘色惡魔在同一個年級裡的人際關係。

再加上是團體與團體之間的集體戰，因此也不會發生攻擊個人的事件。

「不由一位學長姊指導學弟妹，指導的時候一定是由好幾位學長姊同時進行。」

「不由好幾位學長姊指導一位學弟妹。」

這樣的方式，也都要歸功於社員之間存在著如此細微的規則。即使在我看來覺得「怎麼會細成這樣」的社規，其實都有其意義。

結交的不是朋友，而是同志

團體的好壞取決於有無解決能力

T是我認為「歷屆社長中最為優秀」的孩子，他在畢業後對我這麼說過：

「一、二年級時我都只想到自己，想要演奏得比其他人更棒，但配合大家又很重要，所以拚命和大家一起練習。當上社長之後，我發現社團裡有各種不同的人，有人練習得很辛苦卻跟不上，也有充滿熱情、練習時非常積極一直往前衝的人。當上幹部後讓我改變最大的，應該是終於察覺自己要變得中立，要努力取得整個社團的平衡這件事吧。」

理解其他人的立場，齊奏才能呈現美麗的樂音。任何一種樂器太大聲的話，樂隊便不成立；其中某個人亂了步法，行進也就不完美了。

聽到這位聰明的前社團幹部提到「整體的平衡」，我非常開心，因為「學生們確實接收到我所想的」。

有時候指揮跟幹部的個性完全不同，或是幹部之中社長和副社長的個性大不相同，因為大家都是獨立的個體，所以才會產生有趣的平衡。

曾經肩負弱弱指導工作的T讓我了解，不同個性的幹部更能使團隊取得良好平衡。如果行進樂隊中處於領導地位的指揮屬於催油門類型，是那種「奮力往前衝、一分鐘都不能浪費，全部時間都要用練習填滿！」的個性，而社長也同樣是催油門類型的人，這兩個人就會變成暴走火車頭，把後面拖著的貨車車廂（社員）遠遠拋在腦後，自顧自地往前衝。

如果指揮屬於催油門類型，社長就最好是踩煞車類型，這是前幹部T的分析。必須要有一個踩煞車的人出聲提醒：「有些學弟妹覺得參加社團很痛苦，最好也要多聽他們意見，讓大家適度休息。」一列車才能安全地往前行駛。

T還說最好能選出兩個完全不同類型的副社長。例如其中一個會去聽取同屆的想法，吸收具有建設性的意見；另一個則可以細心地觀察小地方，當學弟妹覺得辛苦的時候成為他們的後盾，甚至可以聽社長吐苦水。這種模式是最好的。

總結來說，沒關係，不用每個人都一樣，最重要的是取得平衡。大家的樂器都不一樣，需要一致的是踏出去的步法。正如每個人演奏的聲音都不同，大家都保持不同也沒關係。

以前曾經發生社員之間吵架互嗆，但我裝作不知情，交給他們自己解決。這樣的判斷似乎是對的。

之後發生類似的事情時，我會告訴自己「因為兩邊都覺得自己對，所以讓他們吵夠了就好」，之後也繼續裝聾作啞。想要取得整體的平衡，當然所有人感情都很好是最理想的。但這終究只是理想，我甚至想過，就算他們彼此之間感情不好也無所謂。

我一直認為並非完全不起風波、沒有任何爭執才是好團體。發生爭執的時候，團體的好壞與否，取決於有無解決能力。

這樣的想法並非我的原創。只要是學校的老師，大概都受過這樣的訓練：「團體的好壞，取決於能不能順利解決爭執」。這應該稱得上是非常普遍的教育理念，或許可以成為更多領導者的參考指標。

發生爭執才能建立真正的關係

每到初夏，一年級新生開始接受橘色惡魔洗禮、開始受挫時，我會把大家找來精神喊話，還會這樣告訴他們：

「大家要好好向學長姊學習。他們不是只對學弟妹嚴格，同年級裡也會發生對立，不只對立，甚至還會吵架。你看他們是不是都把心裡想說的通通喊出來、互嗆互罵？但是啊，這樣才好喔。真正的朋友，不是由興趣是否相同、喜歡的東西是否一樣、個性是否一致等等小鼻子小眼睛的事情所決定的。如果可以每天都對彼此說出真正想說的話，三年之後，你們就會成為真正的好朋友，是一輩子的朋友。」

這是我自己的理論，也是我的親身體驗。

「當對方遇到困難的時候，不管自己會面臨什麼狀況，都會想要幫助他，這就是真正的朋友。這樣的朋友不會很多，我自己活到這把年紀也才碰到四個。但是，這三年將會決定你能不能交到這樣的朋友。」

不管學生們懂不懂我想說什麼，都無所謂。但只要我在他們入社一開始就表達，這些話就會一直留在他們心中的某個角落。而且他們這三年內一定會發生爭執，到時候或許就會想起這段忠告。

「吵架也沒關係」更能強化意志，也能提升團體解決問題的能力。而且他們看到學長姊在吵完架之後感情反而變得更好，進而了解到「原來關係是這樣建立的」。再加上如果自己也有類似的體驗，「朋友就是這樣」的想法將會深深烙印在他們心中。

把個人喜好放一旁，優先考慮目的

不過也有些人，就算跟他掏心掏肺，還是永遠沒辦法變成朋友。我曾經對二、三年級這樣說過，想要讓所有人團結在一起是不可能的。

「不需要玩小朋友那種『我跟你好，你跟我好』的遊戲。就算你討厭旁邊的人，討厭到想揍他一拳的程度也沒關係。只要知道演奏、演技這個共同的目標，所以大家要合作，這樣才是成熟的人際關係。」

這群高中生的能力和個性都不相同，唯一相同的是大家都抱著「想要站上全國大賽的舞台、想要贏！」的野心。由一百個這樣的孩子所組成的團體，實在沒辦法只以簡單幾個字帶過。像是一一一屆，因為接受電視節目採訪後爆紅，那一年的新生人數暴增。由於人數實在太多了，甚至出現了有如演藝人員「拒絕同台」的案例。

其實不只是一一一屆，只要是人數較多的學年，就算大家都拚了命練習，演奏會或大賽時還是會有人無法上場。甚至有些三年級完全沒有上過台，只能一直協助學弟妹練習。人人都是平等的，但實力卻不平等。面對如此殘酷的平等，橘色惡魔都從中獲得了成長。

我一向標榜弱弱指導、在學生發生爭執時裝聾作啞。因為學生畢業後將踏入複雜的社會，我想為他們準備好可以體驗到一切經驗的舞台，這是我的職責所在，因此我開始認真進行策劃。關於這個故事，將在下一章為各位介紹。

橘色惡魔之間的情誼，既非朋友也不是夥伴

剛開始寫這本書的時候，為了寫作時的參考，我聯絡了幾個畢業生，於是又和以前擔任社長的畢業生在網路上聊了起來。I畢業後回到母校當老師，並擔任我的助教，一起指

導橘色惡魔，之後飛往法國學習音樂，結婚之後就繼續留在當地。

如今的Ｉ已經是媽媽了，化妝或成熟的服裝打扮在他身上並不顯突兀，不過親切的表情還是和高中時一模一樣。我們聊了很多以前的事情。

「我這輩子都不想回到京都橘的那三年，而且腿已經沒辦法抬那麼高，不過，反正也回不去了。」

開了點小玩笑，Ｉ接著跟我說了一些正經話。

「那幾年的事情，我想自己到死之前都不會忘記，那是人生中不可抹滅的時光。」

聽完後我也開玩笑地回答：「意思是練習累到這種程度？」

他說：「練習的確非常痛苦，不過練習過後帶來的，是在京都橘交到的好朋友喔。老師，這麼說或許有點奇怪，但朋友這個詞好像不大適合用在這裡。他們既不是我的家人、也不是男女朋友，甚至不確定稱他們為夥伴是否合適。那三年所建立的人際關係，找不到完全適合的字來形容，卻是我一生的至寶。就算沒有見面、沒有聯絡，但我有信心這樣的情誼會維持一輩子。」

I一本正經地說完後，露出了微笑。

看得出這番話完全出自肺腑，所以他的臉上露出了橘式笑容。看著他多年不變的笑容，就連號稱專業馴魔師的我，也不禁動容。

第五章

只有這裡才能體會到的經驗！

完美的策劃
是身為領導者的職責

只有在京都橘才能體會到的經驗

全世界最棒的行進樂隊活動——玫瑰花車遊行

二〇一八年一月二十一日，在京都橘國中部暨高中部校內的活動展廳裡，舉辦了一場「玫瑰花車遊行成果演奏會」。

這一年的元旦，橘色惡魔前往美國加州帕薩迪納市參加玫瑰花車遊行。這場舉世聞名的世界級花車遊行在玫瑰碗[9]（Rose Bowl Game）賽前舉行，是美國非常重要的慶典活動。主辦單位會從全球的行進樂隊中，邀請最優秀的二十支隊伍參加遊行。

整場遊行由大約五十座花車組成，加上數百頭馬匹和行進樂隊，從玫瑰宮（Tournament House）出發，終點是勝利公園（Victory Park），全長約九公里，全程約兩個半小時。

KYOTO TACHIBANA HIGH SCHOOL GREEN BAND - ROSE PARADE 2018

多達數十萬名參觀民眾夾道觀賞，將會場擠得水洩不通，同時吸引全世界的媒體實況轉播，規模非常盛大。為了參加這一場活動，京都橘動員了在校生及畢業生共兩百人，精神抖擻的表演吸引了在場所有美國民眾的目光。

這一次遠征美國，除了玫瑰花車遊行之外，我們還參加了安納罕市的迪士尼樂園於十二月二十四日舉行的「耶誕遊行」。在這場遊行中，我們演出了迪士尼組曲，向來自世界各地的觀眾展現朝氣十足的演技與演奏。

透過 YouTube 獲得來自世界各地的粉絲

玫瑰花車遊行當天，第一首演奏的曲子是〈我來到河畔〉（Down by the riverside），這是一首知名的黑人聖歌，由保羅・約德（Paul Yoder）改編為行進樂曲。約德是美國管樂界的大師，改編過許多適合初學者的樂曲。而京都橘最早是在九〇年代初期，就將這首歌

9 玫瑰碗：年度性的美國大學美式足球比賽。

用於行進時的第一首曲目。

參與這場遊行的觀眾，除了當地加州居民之外，還有來自全美各地的遊客，現場民眾用熱情的掌聲和歡呼為我們加油，許多人用手指吹著口哨，忘情大喊「太棒了！好棒！」。當天我的職責是樂隊總監，陪著惡魔們走了整整九公里路程。

雖然是冬天，但氣溫超過攝氏二十度，湛藍的天空彷彿電影畫面。或許是因為穿著一身正式的深藍色西裝，讓我消耗了不少體力，但這麼一點疲勞根本比不上整路邊跳邊演奏的學生們。行進過程中，擔任顧問的老師只要隨時留意學生的狀態、向現場觀眾揮手就可以了。

但惡魔們帶著樂器和旗幟，演奏的同時還要踏著步法前進，一定非常熱。沿途惡魔們還會在某些地方停下來，穿插一些舞蹈演出，但每個人臉上都還是帶著燦爛的笑容，完全沒有疲態。不僅是技術層面，就連體力也達到世界等級。尤其是一年級，距離第一次正式參與行進樂隊演出的銅管博覽會，相隔只有短短八個月，但卻沒有任何人中途退出，全部的人都走完全程，實在太令我驚訝了。

「這些孩子真是奇蹟！」

「怎麼每個成員都看起來這麼開心，看再久也不夠。」

橘色惡魔的演出在美國受到高度評價，不久後 YouTube 上就出現了許多遊客用手機拍攝上傳的影片，於是全球各地都出現了橘色惡魔的粉絲。

除了日文「京都橘」和「橘色惡魔」之外，輸入英文「Orange Devils」也能找到觀看次數高達幾百萬、幾千萬的眾多影片。

我的 Facebook 好友中有許多外國面孔，幾乎都是看了這些影片而成為京都橘的忠實粉絲。這些海外粉絲以美國為主，也有一些來自歐洲，還有許多粉絲來自中美洲，或許是因為拉丁民族的動感節奏跟橘色惡魔有許多共通之處吧。

此外，還有一些社團指導老師基於「想認識教導出京都橘這麼優秀團隊的老師」而來加我好友，這類邀請我大多會接受（偶爾會封鎖一些怪人）。這些網路上的影片彷彿具備生命似地不斷蔓延出去，直到現在，我都還持續接到來自全球各地的交友邀請。

三年級的最後一場演出

參加玫瑰花車遊行是難得的機會，我們能在二〇一二年及二〇一八年受邀，實在是至高的榮譽。

我始終認為「與其在大賽中取得好的名次，更重要的是讓孩子們經歷只有京都橘才有的體驗」。

因此一直以來，我努力讓孩子們有更多元的經驗，例如夏威夷寄宿家庭和演奏會、參加迪士尼遊行、各種活動、接受電視節目採訪等等。玫瑰花車遊行也稱得上是一種在別的地方無法經歷的體驗吧。

不過，玫瑰花車遊行其實算是一場「畢業生一起加入的跨世代橘祭典」。

回國後，在校內舉辦了凱旋公演，又稱為成果演奏會。這場演奏會有別於玫瑰花車遊行的「跨世代橘祭典」，而是一場特別為三年級準備的「畢業舞台」。

之所以安排這樣的演出機會，是希望藉由這場大型活動，讓應屆畢業生最後一次在同樣熱愛京都橘表演的觀眾面前盡情發揮，將最好的演奏及演技呈現在大家面前。

並不是只有畢業前才需要這種最棒的舞台。我決定要讓橘色惡魔在三年內盡可能有各種體驗，一直以來也都堅持這麼做，這一點也是弱弱指導中不可欠缺的「策劃」。

領導者不直接提供指導，但提供很多表現的機會。這時社員們會自己思考「我們應該怎麼做？」，促使弱弱指導開始自動發揮功能。策劃內容的規模越大，社員們就會越認真，經驗值也會更高，進而帶動社員們的成長。

「機會是平等的」這句話的真偽

好想帶他們踏上「綠墊」！

目前日本國內舉辦的行進樂隊大賽，大多都是每五公尺放置一個記號，各隊伍都以這個基準進行隊形編排。尤其是參加吹聯的行進樂隊大賽，都會以「五公尺八步」的方式進行練習。也就是說，每個步幅約六十二點五公分，各記號之間的五公尺距離共需走八步。

橘色惡魔將這個規矩稱為「五米八」，必須進行無數次的練習，直到身體自然而然記住為止。

為什麼會有這個「五米」的規定呢？其實是源自大阪萬博的行進樂隊演出舞台「祭典廣場」。在這之前，「三千人的管樂」是在西宮球場（已拆除）舉行的，當時每支隊伍都會自行用白色石灰粉在場地上畫線，導致整個場地畫滿各種線條，完全看不出哪條線是誰畫的。而萬博的祭典廣場最受矚目的，就是等距間隔的人孔蓋。

祭典廣場上這些前後左右間隔五公尺的人孔蓋，其實是地下倉庫的通風孔。大家都覺得當然要好好利用！因此，所有出場隊伍就用這些人孔蓋作為記號來製作隊形圖（當時稱為演技圖）。

因此，日本舉辦的行進樂隊大賽都是五公尺做一個記號，這也算是一個「萬博冷知識」。惡魔們口中的「五米八」，對我來說是身為當時全日本實力最堅強的小學生管樂團的一員，參加過萬博開幕儀式，並在那之後參加過將近五十次活動的難忘回憶。

而對京都橘的社員們來說，則是對「城廳的綠墊」有特殊的情感。

自從行進樂隊大賽因為幕張展覽館的觀眾席不夠大，而移到永久舉辦場地——神聖的大阪城展演廳（俗稱「城廳」）之後，為了保護展演廳的地面，主辦單位會在比賽期間鋪上一層綠色的保護墊。

所有社員都會說：「好想在城廳的綠墊上表演！」這片綠墊對他們來說具有無可取代的意義。而我身為顧問，也非常期望社員去參加行進樂隊大賽。就算沒辦法每年都晉級到全國大賽，但還是希望每個社員在學期間的三年之內，至少有一次機會能體驗到全國大賽的緣墊。

人氣曲目〈Sing, Sing, Sing〉的左右為難

橘色惡魔其實還面臨了一個左右為難的窘境，〈Sing, Sing, Sing〉這個曲目變得有點制式化，在大賽中很難獲得好的評價。有人認為不如重新找一首曲子，但這樣的想法太過便宜行事，因為這首曲子對惡魔們來說太特別了。

每年春假我們都會為新生舉辦體驗營活動，這些新生都還不是正式社員，所以我也會和大家輕鬆聊天、開開玩笑。

「〈Sing, Sing, Sing〉已經演奏超過十年了，我也差不多膩了。總想著應該可以換新的曲子了吧！不如就在你們這一屆換掉？」

每次當我這麼說，幾乎每個人都有相同的反應。

「不可以！我就是為了〈Sing, Sing, Sing〉才進京都橘的！」

一一六屆擔任低音號的L畢業於丹後地區的國中，甚至不遠千里而來。

「小學時在電視上看到之後，就夢想著加入京都橘。」我問他國中時演奏什麼樂器，沒想到他居然說：「我參加的是籃球社。」

「什麼啊，那你喜歡的是籃球嘛。」

我只是隨口說說，沒想到他非常堅決地否認說：

「因為我覺得演奏〈Sing, Sing, Sing〉一定需要很好的體力，所以就趁國中時加入運動社團，好好鍛練體力。」

管樂社的男生很少，所以他在搬運樂器的時候幫了很大的忙。他演奏的是低音號，一般都會認為蘇沙號或是大鼓這種「大型樂器」等於「由男生負責」，所以好像也不是那麼令人意外。不過居然為了進樂隊而先練好體力，這樣的努力不是每個人都能做到，著實令我瞠目結舌。

沒辦法每個人都參加大賽

京都橘高中管樂社約有一百位社員，其實這個人數有點不上不下。第三章曾經提過，參加室內管樂合奏大賽的社員甄選都是採圍幕甄選方式，接著由我將社員分成可以參加全國大賽的Ａ組和最高到京都府大賽的Ｂ組。Ｂ組沒有人數限制，所有人都可以參加。可想而知，大家都想爭取的是Ａ組。

部分一年級曾在國中時參加室內管樂合奏大賽的全國大賽，這些能力較好的孩子會在同學年之間互相競爭琢磨，就會在好幾個聲部中發生下剋上的狀況，有時候甚至會選中較多一年級進入Ａ組。

另一方面，行進樂隊的人選則是由各樂器小組長推舉，接著由我進行最終審查。除了音色好壞和演奏技巧之外，也會要求肢體動作的協調，所以無法以圍幕甄選的方式進行。

二〇一三年起行進樂隊大賽的規定人數是八十一人。室內管樂合奏的Ａ組是只有五十五人的「窄門」，相較之下，行進樂隊算是「廣門」，但還是會有二十至三十人被排除在外。

一般來說，二年級會有少數幾個人沒辦法參加；一年級的話則是一半以上會被刷掉。被刷掉的人在行進樂隊中就會變成啦啦隊。

在京都橘，大家都把這個啦啦隊稱為「希望組」。因為行進樂隊的組員甄選會舉行很多次，甚至可說每天都在變動。提供給聯盟印製在節目單上的名單，有時甚至需要一改再改。

每年九月，當所有社員開始意識到行進樂隊大賽的日期越來越近，大家臉上的表情就會變得不大一樣，希望自己不要掉出正式組員之外。而希望組的組員則因想要擠進行進樂隊的正式組員，而變得非常認真。

即使如此，最終還是會有一些希望組的孩子是以啦啦隊的身分參加大賽。人人有機會，如同希望組這個名稱一樣，大家都有希望。不過還是沒辦法讓所有人都上場，比賽的現實就是這麼殘酷，所以我一直堅信「大賽並不是最終目標」。

堅持成為可以發揮社員特質的策劃人

變身策劃人的那一天

前文曾經提及，到京都橘任教之前，我在公立中學擔任管樂社的指導老師，當時曾經留下進入行進樂隊大賽關西大賽的成績。雖說小學時我就參加大阪萬博、在祭典廣場表演，並從那時候開始愛上學院風格的行進樂隊表演，不過進入音樂大學後，我主修的是管絃樂，曾是小號演奏家。

剛開始進入京都橘擔任指導老師時，其實有機會將社團轉換為以室內管樂合奏為主的管樂團。我曾聽過自己的內心發出「想要更加強演奏部分」這樣的聲音。只要我願意，其實我大可使出絕招，跟學生、家長以及學校大吵一架，放話說：「這件事由身為顧問的我來決定！不贊成的話通通給我退出！」藉機讓一百人左右的社員減少到三分之一左右。但我沒有這麼做。

回想剛到任不久，我和社團的畢業生家長一起吃飯，聊到室內管樂合奏大賽。平松老師說：「多虧田中老師，我們才能進入今年的關西大賽。」其中一位爸爸聽完後，不經意說了一句話：

「**先不說這個了**，今年的行進樂隊怎麼樣呢？」

這位家長一句話就把話題撇開，令我留下深刻印象。那一瞬間我馬上了解，京都橘的家長完全不關心室內管樂合奏，行進樂隊才是最重要的。

剛到任的我表面上裝得很鎮定，默默地聽著大家聊天。但對於當時的我來說，室內管樂合奏也非常重要，所以其實內心受到很大的打擊。當天的餐會是在屋形船上的豪華宴席，我心裡想著：「乾脆從船上跳下去算了，跟著漁夫養來抓魚的鵜鶘一起，看要游到哪裡去都無所謂。」家長那句「先不說這個了」很有分量。有時旁人不經意的一句話，會對我們的人生帶來轉機。這句話雖然帶給我很大的打擊，但並不是負面的，而是讓我知道京都橘多麼重視行進樂隊。

而且，其實我上任的時候就已經決定「要完全承襲京都橘的傳統」。

我打算花點時間慢慢改變隱藏在傳統背後那些無用的規矩、沒有意義的規則、需要調整的上下關係，當然行進樂隊的演技就另當別論。這件事給我帶來衝擊。

我要幫學生準備很多可以讓他們發揮「特質」的舞台，**要打造出就算沒辦法參加大賽，也可以讓所有人成為主角的舞台。**就算橘色惡魔的自主性再強，和外部協商的策劃工作還是只有我們這些成年人可以處理。

這個「要讓學生體驗到別的地方無法經歷的體驗」的心願，直到離職都沒有改變。

沒有比經驗更好的指導老師

挑戰更大的舞台！三千人的管樂

我剛擔任顧問的時候，京都橘參加的都是很京都、氣質高雅的活動。氣質高雅是比較婉轉的說法，講白了就是很無聊，例如在京都的圓山公園音樂堂演奏，但其實沒什麼觀眾……。

「大阪有那麼多大型活動，好想帶他們去參加那邊的活動啊！」

我是大阪人，平常活動範圍也是大阪。其實我是每天早上五點起床，單程通勤一小時到京都橘上班的人。

所以我的口袋名單就是前面提過的在寶塚劇場舉行的業餘頂尖音樂會，現在則是在京瓷巨蛋舉辦的「三千人的管樂」。

這兩場活動，都不是大賽成績好就可以參加的。必須具備獨特的個性，讓人只看一眼或只聽一個音就知道是哪個樂隊，才能獲邀出場。而京都橘能夠參加這兩場活動，都要歸功於橘色惡魔的獨特個性。

「三千人的管樂」由關西電視台主辦，以前的舉辦場地是在西宮球場。這場活動的規模之大，場地得選在棒球場才能容納。

我曾經以大阪豐能地區的樂隊指揮身分參加「三千人[10]」。到了京都橘之後，非常希望能帶大家參加這場活動，因為這些孩子實在非常適合這個盛大的舞台。我的恩師松平老師和京都橘教練宮老師都是這場活動的執行委員，但我們不可能靠關係。

一九九六年因為松平老師的一句話：「京都橘獲邀到亞特蘭大奧運會演出，所以應該也來參加『三千人』。」我們獲得了出場的資格。

從那次開始，「三千人」就成了京都橘年度計畫中不可或缺的大型活動。

「三千人的管樂」舉辦的日期會因職棒賽程而有些許調整，不過大約都在六月二十日之後。因此，五月的銅管博覽會結束、考完期中考之後，就有一場對一年級來說更艱難的試煉等著他們。

銅管博覽會是遊行方式的活動，相較之下，三千人的管樂則是在球場裡呈現出大編制的隊形變化。

遊行時只要採用數列縱隊（銅管博覽會是四列）一直前進即可。京都橘因為演奏中有停下來、跳步、小跑步等動作，所以每一個縱列，甚至是每一個橫列都會有不同的動作。相較於其他樂隊，京都橘的複雜程度超過百倍左右，如果是像玫瑰花車遊行那種大規模的活動，難度更是提高不少。

簡單來說，遊行已經夠吃力了，隊形變化的難度更是「難上加難」。因為每個人的動作都不一樣，所以根本不可能像遊行一樣「偷瞄隔壁排」。想要參加隊形變化表演的話，就必須將能力提升到比遊行演出更高才行。

此外，隊形變化是將整個場地畫成函數座標，必須藉由與記號點之間的距離來確認自己的位置。但棒球場的大舞台是圓的，靠身體記住場地的距離感需要訣竅，還得考量整體

10 三千人：作者用以簡稱「三千人的管樂」。

看起來的感覺，所以通常舞步會比遊行的動作更激烈。

這對一年級來說是一場試煉。就算一個月前順利走完銅管博覽會這場號稱「全世界最耗體力的遊行」，但若想要成為真正的「行進人」，就得順利通過行進樂隊的下一個舞台——也就是隊形變化的考驗才行。

判斷哪些活動應該參加、哪些活動不應該參加

參加MBS每日放送「好孩子俱樂部」的演出

「您好，這裡是MBS每日放送。聽說京都橘是關西的高中管樂社中最引人注目的隊伍，而且最有意思，有件事情想和田中老師商量一下。」

那一天我接到電視製作人打來的電話，當時我馬上告訴自己：「太幸運了！絕對要接下來！」如果學生們因為參加電視節目而變得有名，那也是另一種型態的「大型正式演出」。另一個考量則出於那是人氣搞笑組合「好孩子」的節目，讓我想起以前想成為搞笑藝人的夢想。

得到校長的允許之後，便在「讓學生每晚八點前回家」這樣的條件下，展開每日放送深夜節目「好孩子俱樂部」的拍攝。在這個節目企畫中，藝人濱口優和有野晉哉「入社」橘管樂半年，分別負責大鼓和短笛。期間進行數次拍攝，最後參加京都橘一整年活動的成

果驗收，也就是定期演奏會。

定期演奏會直到二〇一九年起才移到校外的場地進行，在那之前都是在校內的活動展演場舉行。也就是說，攝影團隊將會進來校園拍攝。

我從一九九五年（第三十二屆）開始經手舉辦定期演奏會，直到二〇一七年（第五十四屆）為止，總共辦了二十三次。其中，二〇〇八年「好孩子」亂入的那一屆，特別令人印象深刻。

「好孩子」亂入定期演奏會？

每年的定期演奏會都是為期兩天，通常都是第二天觀眾爆滿。第二天的壓軸就是「三年級畢業前的致詞」，每一次都會讓觀眾和所有社員哭成一片。所以，通常演奏會的第一天會有一些空位。

有收看這個節目的人都知道好孩子將會參與定期演奏會，所以校內其他瘋狂的學生紛紛猜測「會是哪一天？」，讓校內的氣氛鬧烘烘地。我和製作單位講好在第一天拍攝，但不提前對外公布，只讓社員們知道。

「大家聽好了，關於電視節目哪天要來的消息如果外流，會有超多閒雜人等擠進來，超過我們的控制能力，非常危險。大家千萬不可以說出去！」

橘色惡魔的口風很緊，經得起考驗。學校裡的教職員甚至流傳著「有什麼祕密的話，就算是導師也不會察覺」這樣的評語。為了避免其他學生造成騷動，我們不斷再三確認，預計讓藝人的保母車在定期演奏會當天直接開到表演廳的舞台後門，經由「秘密通道」走進會場，目的是避免重要的演奏會因騷動而毀於一旦。

終於到了定期演奏會的第一天。第一段是比較正經的室內演奏，在「交響舞台（Symphonic Stage）」剛開始的時候，會場就洋溢著和平常不大一樣的氣氛。舞台走道上架設了滑軌和攝影機，一看就知道和我們平常委託業者架的不一樣，根本藏也藏不住。

再加上我們以為橘色惡魔的口風很緊，但大家實在太興奮了，一定有人忍不住偷偷告訴班上一、兩個比較要好的死黨，然後風聲就一點一滴走漏出去，這些都在我的預料之中。第一段室內演奏結束後，第二段是「動感舞台（Pop Stage）」。暗燈之後，定音鼓開始打出「咚咚咚咚咚」的節奏，在第一段擔任指揮的我突然拿著麥克風走進觀眾席，變身為主持人並大喊：「向右轉！」接著整個樂隊開始演奏，「好孩子」就在我的一聲令下登上舞台，電視節目開始進行拍攝。

觀眾席上有一些「打算來鬧場」的男學生早就占好位置，開始大聲鬼吼鬼叫。原本我擔心場面會失控，不過這樣的場面並沒有發生，大家都乖乖地待在自己的座位上。

「好孩子」的演奏到第二段結束為止。當時我其實在心裡默默擔心著：「如果觀眾在這個時候一起離場，三年級壓軸的第三段就毀了。」不過，行進樂隊的舞台演出終究還是京都橘最能吸引觀眾。得知當第二段結束後沒有任何觀眾離場，我總算放下心中的大石頭。

對策劃人來說「風險管理」是不可或缺的

每當京都市有地標性建築完成時，幾乎都會邀請橘色惡魔到場表演，像是京都車站和地下道的落成紀念活動、四季劇團的一二〇〇劇場落成紀念活動。我稍微整理出擔任活動策劃時，需要留意的幾個地方。

❶這個活動是否具備公眾性質？

只要是具備公眾性質的活動，基本上都ＯＫ。因為參加公眾性質活動可以累積「社會參與」的寶貴經驗。因此像是京都市內大型設施的落成儀式等活動，只要時間能配合，都沒有拒絕的理由。

當然，這麼做也能帶來提升知名度的好處。不過像是幼兒園、托育機構等教育相關活動，這些其實無關提升知名度的活動，我也都會答應，絕不推辭。具備公眾性、為社會服務，這樣的經驗可以使團隊成長。

❷這個活動適不適合我的團隊？

並非以好壞來評斷，策劃人必須仔細思考這個活動是否適合我的團隊，這是領導者必須判斷的。

例如，我會推辭在賽馬場內舉辦的活動。雖然整片綠色草皮的畫面實在非常漂亮，最近也有越來越多人攜家帶眷去賽馬場玩，再加上聽說英國王室也會到賽馬場觀賽。我不認為賽馬是不好的活動，但判斷基準還是在於「適不適合高中生」，就這層意義來看，賽馬會讓人聯想到博弈行為，所以不適合高中生。

此外，像是民間企業的「創業幾周年紀念」，這種活動我大多傾向推辭。

❸判斷主辦單位是否正派

演藝人員參加反社會勢力相關活動後丟了工作，這類新聞大家應該都曾聽說。學校這種性質的團體更是如此，和詭異的團體扯上關係是非常危險的。

社會上很多看起來正派經營的公司，其實背後都有黑道撐腰，這種事情真的不在少數。收集訊息非常重要，但有時候對方掩飾得很好，容易使人無法正確判斷。所以，我設下「單一企業的活動一律推辭」的規矩，過濾掉許多危險。

弱弱指導是一種藉由裝聾作啞來培養孩子自主性的方法，但如果百分之百放任，是稱不上指導的。領導者的功能在於隨時承擔最終責任，因此事前預防相當重要。自己的名字要與怎麼樣的團體掛在一起，非得謹慎不可。

如何與媒體打交道？

「一億人的爆笑大質問！」狂想曲

讓京都橘管樂社一夕爆紅的，當屬日本電視台的綜藝節目「一億人的爆笑大質問！」。「好孩子俱樂部」是關西在地電視台的深夜時段節目，而「一億人的爆笑大質問！」則是全國性節目。節目裡有一個非常受歡迎的單元「管樂之旅」，之前曾介紹淀川工業高中、習志野高中、洛南高中等室內管樂合奏大賽前幾名的強校。

跟「好孩子俱樂部」不同的是，最早接到「一億人的爆笑大質問！」接洽時，我收到的是一份傳真問卷。裡面的問題包含了過去的成績、社團的方針、最具特色的練習方式等，就好像參加節目的「預賽」一樣。

平常接到活動邀約的時候，我都會徵詢社團幹部的意見，電視節目的邀約當然也是如此。和大家商量這件事的時候，每個人都說：「老師，我們要參加這個節目！」於是這張問卷我寫得非常仔細，而且字裡行間不帶一絲誇飾。

「差不多要輪到行進樂隊了吧……我們家的學生可是最適合那個單元的耶，這是一個好機會！」

不久後我就接到製作單位的回覆，於二〇一一年開始進行「管樂之旅、行進樂隊特輯」的拍攝。

電視台的人告訴我，希望可以拍到這樣的畫面：

「橘色惡魔跟平常一樣在音樂教室裡開會的時候，拍攝人員和攝影機突然衝進來，宣布開始貼身採訪京都橘，現場所有同學興奮得不知所措。」

於是我向幹部千交代、萬拜託地說：「絕對不可以告訴其他社員，一定要讓大家嚇到，才可以拍到最自然的畫面。」

社團幹部們已經習慣這種弱弱指導的管控方式，所以每個人都對我拍胸脯保證說：「絕對沒問題。」不同於定期演奏會時「好孩子亂入」的狀況，這次非常順利地保守祕密直到最後一刻。

沒想到，同學們的反應完全不如預期。一般人對橘色惡魔的印象就是正式演出時非常有活力且笑容滿面，理所當然以為他們平常也是如此。但因為社團內的規矩多如牛毛，所以同學們始終維持著「即使受到驚嚇，仍然非常冷靜」的態度。

果然，到了拍攝當天，日本電視台的工作人員帶著攝影機衝進音樂教室，大聲地對著所有人喊：「各位同學！我們是東京的日本電視台『一億人的爆笑大質問！』製作團隊！從今天開始，將來這裡進行為期一年的貼身採訪！」結果橘色惡魔所發出的歡呼聲，聽起來只是一點也不激動的中弱（mezzo-piano）而已。大家的叫聲非常含蓄，只是冷靜地看著工作人員，臉上露出開心的微笑。

「不好意思，現在這個畫面怎麼樣？可以用嗎？」

我小心翼翼地詢問看起來像是製作人的工作人員。結果對方一臉尷尬地說：「沒辦法，這樣不能用。」這應該是橘式笑容第一次，也是最後一次被判出局吧。沒辦法，我只好破例直接指導了。

「我說你們大家啊，工作人員進來的時候，應該要更開心一點啊！」

聽完之後，大家還是一副「這種還要重拍喔？真假？」的表情看著我，真不愧是經歷過大小活動的橘色惡魔。
「京都橘的各位同學！我們來做貼身拍攝囉！」
「啊！！！！」大家興奮地尖叫起來。
雖然在場都是高中生，該說大家都是很好的表演者嗎？各位在電視上看到的畫面，其實是社員們「精湛的演技」。在古典音樂之中，不受形式束縛、自由的曲式稱為狂想曲。如同知名的〈藍色狂想曲〉般，京都橘的電視騷動真可稱得上是「橘色狂想曲」。

突然湧入六十名新生！

「一億人的爆笑大質問！管樂之旅」共播映了二〇一一年、二〇一二年共兩年的京都橘特輯。第一年的節目中，介紹了成熟穩重的三年級指揮「荷拉學姊」和什麼都做不好的一年級「可那咪」，以及社員們平時練習的模樣。行進樂隊本身就已經很吸引人了，或許還加上社員們每天一心不亂的認真練習，擄獲了觀眾的心，橘色惡魔在一夕之間成為全國的目光焦點，更多人因此了解他們每天是如何辛苦練習。

二〇一一年，我們在行進樂隊大賽全國大賽中拿到銀牌。三個學年加起來只有六十多名社員，是我赴任以來人數最少的一屆。雖然這完全只是偶然，不過「一億人的爆笑大質問！管樂之旅」卻在節目裡提到：「要不是人數那麼少，早就拿金牌了！」這麼說只是節目效果，但確實收視率瞬間拉得非常高。

拉高的不只有收視率，二〇一二年的社團報名人數居然在春假時就已經超過六十人，電視節目的影響力實在太驚人了。結果那一屆的新生比例居然高達總社員的六成。

如果是室內管樂團，人數較多通常會比較好，但換作行進樂隊的話就有點棘手。雖然每個新生幾乎都有演奏樂器的經驗，卻有一半未曾接觸行進樂隊。即使國中時參加過行進樂隊，但要習慣京都橘的行進樂隊，也不是一朝一夕的事情，再加上沒有經驗的人高達半數，這真是一大難題。

就算想要採取以往「由『稍微有點弱的人』指導『更弱的人』」的方式，卻因為「更弱的人」成長將近一倍而顧不到所有人。

二〇一二年「一億人的爆笑大質問！」拍到了「『三千人的管樂』迫在眉睫，二、三年級指導一年級新生，兇得比鬼還可怕」這種以節目效果來說非常好的「畫面」，節目還把焦點放在負責打擊樂器的一年級抱著銅鈸哭到不行的畫面，也引起了很大的迴響。

因為是貼身拍攝，所以學生們與工作人員之間的距離也變得非常近。有些學生跟女性製作人變得非常要好，聽說還會向他大吐苦水。而我曾多次和工作人員一起用餐，帶這些「來自關東的人」到只有當地人才知道的大阪燒名店，吃飯時還一邊大聊：「超討厭巨人隊的，但我最愛日本電視台了！」

或許是因為「一億人的爆笑大質問！」太受歡迎的緣故，之後還收到來自其他電視台的聯絡。幾乎每個節目都是單純因為時間沒辦法配合而推掉了，只有一個節目是真的因為「不想上」而拒絕。

這個節目的企劃內容是由社員進行演奏，然後邀請活躍於演藝圈或商界的評審為學生的演奏訂價。節目過去也曾邀請其他名校的管樂社，並為演奏訂下幾百萬日圓的價格。但我心想：「這樣不對吧……」我們是鼓舞人心、為人加油打氣的樂隊，這樣的演奏應該是無價的。

知名度變高的優缺點

保護社員不受瘋狂粉絲的騷擾

知名度變高、粉絲變多，其實不全是好事。主動靠近橘色惡魔的粉絲之中，很多都是變態男性，儘管十年前這個問題還沒這麼嚴重。身為隨團人員，最重要的任務就是保護社員們的安全，只差沒警告學生：「把所有人都當成變態就對了！」好幾次遊行演出時，甚至還發生過由家長組成的「老爸軍團」將變態男粉絲扭送去警察局的事件。

雖然故意壓低攝影機角度、偷拍裙底這種事情已經逐年減少，但直到現在偶爾還是會看到這樣的狀況。

有些瘋狂粉絲還會特別鎖定某幾個社員，在我們參加正式演出之前默默靠近說：「我把○○之前演出的內容剪接成ＤＶＤ想送給他。」因為京都橘不是偶像，參加社區活動時都是自行到現場集合，所以就會被這些怪人趁虛而入。

學生們收到DVD之後，不會來找我，而是在第一時間找社團幹部商量該如何是好。這就是弱弱指導的功效。除了學弟妹之外，同年級的社員有什麼煩惱，幹部都會幫忙排解。

這時幹部通常會建議說：「拿了就拿了，沒關係，不用傳給其他人，也不用播出來看。發現奇怪的人靠近的時候，就盡量往人多的地方去。」

如果有些問題光靠幹部沒辦法解決，他們就會在事後向我報告。這個時候，領導者的功能就在於保護整個團隊。過去曾經採行請家長一起來幫忙、增加隨行工作人員等做法來因應。

在YouTube上太受歡迎也是一種困擾？

其實最近讓我傷腦筋的，不是跟蹤狂粉絲，而是YouTube。

YouTube本身沒有問題，多虧這個平台，才能將橘色惡魔的魅力傳遞到世界各個角落。問題是，影片數量實在太多了。

京都橘每參加一場演出，當天平台上就會新增超過十支影片。我曾經看過，水準相當高。有些影片看得出來並不是用手機拍的，而是使用高畫質攝影機所拍攝的4K影像，並且經過仔細後製才上傳。

但是對於橘色惡魔來說，正式演出非常重要。拍攝時靠得太近的話，會影響遊行的行進。甚至有些人已經超越興趣，而是靠影片營利，完全不會顧慮到我們，只顧著自己能否拍到好畫面，造成我們的困擾。

許多在遊行隊伍間認真拍攝的人，是社員的家長。家長們抱著「想為孩子留下紀錄」的心態拍攝，有時會和拍攝影片上傳網路的人發生小爭執。

後來因為家長會提出要求，我們就在某些活動中要求主辦單位宣布「只開放相關人士攝影」。為了保護家長和校方，我們會準備類似新聞記者佩帶的「京都橘工作人員臂章」給自己人使用，沒想到居然有人偽造臂章，還有人戴著手寫的「媒體記者」假臂章，自顧自地幫忙疏散參觀人潮。

為了解決這個亂象，某些活動中我們訂下「只有同時佩帶校方準備的臂章和背帶的人，才是獲准可以拍攝的學生家長」的規定，但常常演變為貓追老鼠的場面，防不勝防。

如何避免網路上的毀謗中傷？

網路社會的「大合唱」

另一個讓人傷腦筋的問題，是網路上的毀謗中傷。近年來有幾位實境節目的明星因為受不了網路上的毀謗而選擇結束自己的性命，在社會上引發不小的話題。我覺得任何人都不能置身事外。

電視節目或大型活動畢竟比較特殊，或許許多讀者會認為「我只是在普通公司上班的一般人，這種事與我無關」，但網路上引發的事件卻可能發生在任何人身上。

某些人在網路上的發言，引起更多人的附和，聲量就會越來越大，而且是以匿名的方式進行。這既不是齊唱，也不是和聲，只是令人不舒服的聲音。

京都橘的影片在YouTube創下驚人的觀看次數，有大量的「按讚」數，但其中也混雜了某種程度的「倒讚」數。或許真的有少數不喜歡我們的人，這一點我可以理解，因為沒有任何一個演出能獲得世界上所有人的喜愛。

即便如此，我覺得「討厭的方法」也應該受到某種規範。我決定完全不看「大型網路留言板」，將所有不必要的訊息杜絕在外。

與此同時，網路上也有許多鼓勵我們的留言。其中最令人高興的，是對於管樂、打擊樂器非常熟悉的專業演奏家的留言。

「這真是太厲害了！我自己玩樂器很多年，所以知道有多厲害。」

「要是叫我這麼做，我是絕對辦不到的啊。」

「懂管樂的人都知道這要經過多麼辛苦的練習。」

另外，還有許多人以一般民眾的觀點提出直接且充滿善意的感想，這些都讓人非常開心，我個人也收到很多。這讓我得到很大的鼓勵，並且覺得「雖然策劃這些活動真的很辛苦，但還好有舉辦」。

所有的「外部刺激」都用在使社員成長

想像力奔放卻怠惰練習的人，就「直接上場」

京都橘與國中的「聯合演奏會」，是我刻意把大家拉在一起的一種戰略。這場演奏會說是我畢生的事業也不為過。

我是在二〇〇四年有這個念頭的。京都橘是一所社團活動非常興盛的學校，我們經常要和其他社團搶練習場地。橘色惡魔的室內練習場地是音樂教室和美術教室，行進樂隊的練習則是在校舍地下採光井的長條型水泥地面區域。京都橘校區裡有一個稱為「活動展廳」的大型場地，定期演奏會或是開學典禮、結業式等學校活動都在這裡舉行，可以容納一千人。我們當然非常希望練習時也能使用這個場地，但這裡平常都是太鼓社使用居多。因為太鼓社是校內非常優秀的社團，在全國高等學校綜合文化祭裡，成績名列前茅。

太鼓社原則上星期天都沒有安排練習，那管樂社就可以趁機在此練習，我當然馬上向學校提出場地借用申請。

看著這麼好的場地，總覺得現場沒有觀眾、只用來練習實在太可惜了。

當時的三年級是一〇二屆，就是前面曾提及最早發想出〈Sing, Sing, Sing〉構思的那一屆學生。這些孩子擁有奔放的想像力，但同時也有著缺乏持久力與耐力的另一面。他們不喜歡練習，只想偷懶，所以看在腳踏實地的一〇三屆學弟妹眼裡，會覺得「學長姊不夠認真！」而感到不滿。就連我也開始覺得應該要做些什麼事情，才能讓這群孩子轉性、願意努力。煩惱很久之後，我總算想出了「直接上場」這個方法。

於是我抱著「以賽養賽」的想法，決定在活動展廳多辦幾場演奏會。

獲得優秀的「橘色惡魔預備軍」！

「星期天可以在全校最棒的場地練習，既然都要演奏了，乾脆就正式上場。」有了這樣的想法之後，我突然又有了一個好點子。

「乾脆找更多人一起來玩！」

於是，就這樣開始了和國中的共同演奏會。

❶以「直接上場」戰術給予刺激、改掉怠惰的壞毛病。

❷定期演奏會是驗收一整年成果的活動，可以藉由在同一個場地經歷過五次、十次正式演出的經驗，讓社員們知道事前需要多少的準備才夠。

如果只想達到這兩個目的，那麼大可舉辦迷你演奏會，讓家長、粉絲和一般觀眾來看就好了。但管樂社每年都需要招募新社員，所以我又加了第三點。

❸這場活動同時具備招募新血的功能。

於是，這個活動就變成了一場把國中也拉進來的聯合演奏會。

在我的任期內，京都橘高中管樂社的社員大約是一百人上下。少的時候六十人，多的時候一百二十人。

二〇一一年「一億人的爆笑大質問！」播出時，我們的社員只有六十九人，在節目的影響之下，來了六十五個新生，二〇一二年總人數多達一百一十人，實在純屬例外。

近年來日本國高中管樂社的人數呈現兩極化的傾向，編制較大的學校超過兩百人，而人數較少的學校能有二十人就很不容易。而且這個人數和學校的規模並不成正比，以學生自己願不願意參加樂隊的考量為優先，也就是所謂的「賣方市場」。

如果我們以為曾經進入全國大賽、曾經獲邀到國外表演，就覺得「什麼也不用做，自然會有人來」，抱持這種高姿態的想法是非常危險的。

舉辦聯合演奏會其實也是希望達到這種效果，結果的確如我預期，新加入的社員之中，一半以上都曾經參加過聯合演奏會，所以才選擇進入京都橘就讀。

讓家長也參與其中才是所謂教育

和家長結為盟友，使家長成為助力

「接下來的三年，要請各位家長辛苦一點，務必和孩子們一起拚。」

每年四月二十九日，為新生家長舉辦的家長會總會中，我都會跟新生家長這麼說。站在策劃角度來看，如果家長不願意和我們站在一起，即使指導老師或社員們再怎麼努力，也很難獲得好的成果。為了各種「正式演出」，晨練的話就必須一大早出門搭電車到學校，每天晚上帶著疲憊的身軀回到家。剛入學不久，就被每天的練習操到不成人形，甚至有許多孩子一回到家、進玄關脫掉鞋子後就「碰」地一聲倒地，一覺熟睡到天亮。

許多家長都會抱著「為什麼要練習得這麼辛苦？」的疑問與疑慮，不過當他們看過正式演出後，馬上就會釋懷。

家長們會了解到，行進樂隊要做到這樣，真的必須經過嚴苛的練習才有辦法。

而橘色惡魔要撐過這麼嚴格的練習，家長的協助和加油打氣不可或缺。家長必須幫忙留意孩子的健康，就算孩子早上剛起床吃不下飯，也要盯著他們確實吃完早餐，有時候甚至要幫忙準備二、三個便當，或是接送上下學。如果親子關係在精神層面不順利的話，孩子也無法專心練習。

「孩子的成長需要家長和老師攜手合作。」

這句話是教育界的老生常談，京都橘管樂社的家長名副其實地成為我們指導孩子時的最佳盟友。因此，家長們不僅在孩子們正式演出時都會到場觀賞，甚至還會抱持「與顧問老師共同支持社團活動」的意識。

這對我來說相當於「可以完全仰賴家長」。從亞特蘭大奧運會到玫瑰花車遊行，在我擔任京都橘顧問的生涯中，如果沒有家長們給予的配合與協助，什麼事都沒辦法實現。

讓家長也成為「橋梁」

「我女兒直到現在還會說『在京都橘的三年非常充實，這輩子都不會忘記』。而對我來說，那三年就像第二次的青春。」

在定期演奏會或玫瑰花車遊行成果演奏會等各種聚會中，常會聽到畢業生家長跟我這麼說。家長們的感情都很好，媽媽們之間的相處就像朋友，直到現在感情都很好，爸爸們也一樣。

雖然孩子的年齡相仿，但爸爸們的年齡、職業、個性都大不相同。不過大家總能在每次活動時見到面，有時候甚至一起外宿，自然而然拉近了彼此的距離。管樂社去美式足球場表演、加油時，陪著一起到東京的爸爸們甚至比女兒更賣力為球員加油。

「那場比賽打前鋒的 A 同學立下了大功。」

「沒錯、沒錯。A真的棒呆了。但也不能忘記守門員B喔，他可是京都橘的守護神。」

爸爸們在不知不覺中記住了每一位球員的名字，彼此之間的交流非常可愛又溫馨，他們甚至還會用孩子們的綽號稱呼彼此，像是「上次小兔爸爸說……」。站在同樣身為男性的立場，我認為男性不像女性這麼容易結交到工作以外的朋友，或許家長會提供了他們一個新的社交機會吧。

❶讓家長意識到「學生家長也要共同支持社團活動」。
❷適時示弱，請家長提供協助。
❸家長之間建立良好的人際關係。

能做到這個程度的話，我幾乎不需要再做些什麼了。

劃清界線、不直接參與是領導者的基本

當家長與孩子產生對立時，站在「家長」這一邊

後來，我開始會在家長會上讓家長知道「我想這樣教孩子們、讓孩子們這樣想」。結果因為家長比我更了解孩子，所以在家裡用更好的方法把我想教的教給孩子。

這是一種讓家長成為孩子的領導者的做法。這麼說有點失禮，不過某種意義上，家長其實也是弱者，這是另外一種我不會介入其中的弱弱指導。

有時候我也會刻意介入其中，擔任學生與家長之間的調停人。如果是電視裡的校園劇，親子產生對立時，熱血教師總會站在孩子那一邊。「老師，我爸媽真的好過分喔！」老師聽了學生這樣抱怨後，就會說：「別擔心，老師去跟你爸媽說，不用擔心！」然後跑去跟家長對抗……。對我來說，這樣真的不行，是最糟的處理方式。大搖大擺跑去找初次

見面的人大吼：「我是老師！」應該沒有家長不生氣的。

只要我跟家長夠熟，就能對學生傳授「作戰方式」。

「我覺得啊，要讓你媽媽答應的話，這種說法是行不通的。首先呢，你要先跟他聊，讓他知道你的這一面。」

學生因為對我發洩了心中的不滿，心情會比較平靜，再加上我站在他這一邊傳授有效的作戰方式，氣也消得差不多了。這時候若能處理好，就能建立學生與老師之間的信賴關係，但這只是作戰方法的第一步。

重要的是作戰方法的第二步，我會將與孩子之間的對話告訴家長。

「今天 A 應該會跟你聊這些事。到時候媽媽你會怎麼做？你怎麼想？」

「嗯……我應該會這樣說吧。」

「這樣不行啦！這樣說太直接了。這時候媽媽你先擺低姿態，先聽聽孩子怎麼說，接著才在中途一口氣這樣回他。」

再如何成熟的大人，被橫衝直撞的高中生直截了當地戳中問題核心，都會變得感情用事，談話也無法進行下去了。因為父母親有面子和社會上的顏面要顧、拉不下臉，所以我才會想出「不要這麼高姿態對孩子講話，請家長讓步」的方法。

當然我和家長「內通」這件事，絕對要保守秘密，而且到最後一刻都不能說出來。幸好，每位家長都能認同並理解我的堅持。

京都橘高中管樂社是「水」

「讓幼稚園生聽童謠、給老人演歌」是一種錯誤的觀念

聊到「更多人參與其中的策劃」，不小心講到停不下來，所以這裡先針對策劃這件事做一下結論。

接受哪一類邀約、參加怎麼樣的活動，才可以讓社員們更有活力？思考這些問題是我的職責所在，也都是由我判斷、決定，但正式演出時要如何表現，則是社員們自己決定。

例如京都車站落成典禮，我只負責判斷邀請方應該會希望看到華麗一點的演出，開場先用〈Fanfare〉炒熱氣氛。第一首演奏我們的固定曲目〈Winter Games〉，接著演奏大家耳熟能詳的迪士尼組曲，最後用〈Sing, Sing, Sing〉熱鬧結尾。

三月的定例演出「京都櫻花遊行」中，演奏的是由新社員負責構思的該年遊行組曲。首

先演奏〈我來到河畔〉，接著是以森巴結尾的約二十分鐘組曲，曲子中間穿插行進小鼓。

行進小鼓則是由打擊樂器組的新三年級作曲的一年限定組曲，吸引許多粉絲每年殷切期盼。

錦市場跟京瓷巨蛋都一樣

經常有主辦單位問我：「老師，請問你們需要多大的場地？」

我的答案只有一個。

「怎麼樣的舞台都沒關係。就算沒有舞台，也可以讓客人全部坐在一起，我們繞著觀眾表演也可以。京都橘高中管樂社就跟水一樣，不管怎麼樣的場地都能配合，這部分你們完全不用在意。」

「場地至少要這麼大。」

「一定要讓我們在地上做記號。」

許多行進樂隊參加活動時會提出這類非常細微的要求，所以主辦單位會主動詢問也是理所當然的，但只有橘色惡魔完全沒有這方面的問題。不管是加州的玫瑰花車遊行，或是京瓷巨蛋這樣的球場，我們都能配合場地進行演技、演奏。

就算是沒辦法做記號的場地，靠著內化到身體裡的「五米八」，社員之間就能配合得非常精確。

無論是怎麼樣的活動，學生們都願意相信我，認為「是老師接的活動，所以我們可以表現出最佳狀態，一定沒問題的。」不僅觀眾看得開心，最重要的是社員們也演奏得很高興。或許是有上述這樣的傳統，所以能讓學生們很有信心吧。擔任顧問二十三年，從來沒有一次聽到學生說不想參加某個活動。

有一場活動的舞台特別小，那就是某年參加日本電視台「二十四小時電視」節目，在京都錦市場細長的商店街裡舉行的遊行活動，兩旁都是非常傳統的熟食店和醬菜店。

將近一百名社員排成兩列，以每列五十人的隊形前進真的很困難。外圍不斷傳來附近民眾的歡呼聲，五十人的隊伍實在很長，後面的人幾乎聽不見前面的演奏。

但，第二排的人看著帶頭走在前面的指揮、第三排看著第二排的腳部動作、第四排看著第三排的腳，每個人只要這樣配合前面的人的音色，整個隊伍的演奏就能搭配得非常好。這就是橘色惡魔的底蘊。

在京都舉辦的活動中，我們有時候會穿深藍色制服，那一年也是。身穿深藍色制服的橘色惡魔，在狹窄的錦市場裡順暢而充滿朝氣地前進，簡直就像水一樣。

仔細想想，這支為人加油打氣的樂隊，可以配合任何場地，形容為可以變化成各種形體的「水」是最恰當的了。每個人都需要、可以解所有人的渴、讓人打起精神的水。雖然沒有人會覺得它很特別，但卻存在於我們身邊。

所謂的加油打氣，不就是以這種不起眼的型態融入我們的生活嗎？或許就是因為這樣，無論多麼小的活動，我都希望讓他們去參加。

弱弱指導最大的祕密就是領導者的弱點

讀到這裡，或許有些讀者會誤以為我想為本書下「我是一個做得很棒的指導者」這樣的結論。

並非我謙虛，但其實我是一個很弱的指導。雖然根據經驗培育了社員，但某方面是因為我欠缺自信，所以也希望藉由累積各種經驗讓自己更強。

而且，雖說採用弱弱指導，但我也曾被橘色惡魔痛罵。學生們在盛夏的操場上反覆練習隊形變化時，我坐在一旁看，也會忍不住打起瞌睡。

每次練習發生這樣的事情之後，準備室外就會傳來敲門的聲音——當然是社團幹部們。

「老師，你剛剛睡著了對不對？不管是開會還是室內管樂合奏的討論，不論時間再早，不管晚上練習得再累，我們絕不允許有人打瞌睡。今後也打算徹底執行這個原則，老師你這樣讓我們很難處理！」

或許是時代不一樣了，幹部的口吻非常冷靜，和當年赴任時讓我聽了感覺害怕、心想「原來這就是高中女生」的那種語氣完全不一樣。正因為如此，不免覺得可怕，幹部就這樣冷靜地把我訓了一頓。

如果這時候惱羞成怒說：「我是老師耶，你們也太不尊師重道了！」一切就完了。

於是我老老實實地向他們道歉說：「你們說得沒錯。是我不對，以後我會躲起來睡。」

之後如果真的睏到撐不住，我就會躲進準備室。只要發現自己「哎呀，糟了」的時候，我就趕緊躲回準備室。事後學生還會揶揄我說：「老師，你又想睡了嗎？你怎麼那麼容易睏？」

這時我也會誠實地表達歉意說：「是啊，因為你們叫我不要在大家面前打瞌睡，叫我去後面躲起來，所以我乖乖聽話啊。」

這麼說並不是惱羞成怒。因為學生把精神集中在這三年，所以再密集的練習都能撐下來。但我看這些事情，可是看了幾十年。

若是我沒有偶爾讓他們知道「不行，我現在真的太累了，想休息一下。」建立這種「老師也可以示弱」的關係，那麼會做得很辛苦。不只是老師與學生之間，領導者對團隊成員如果一直表現得很強勢，不但很難持久，這個團隊也不會變強。

- **不要太突出、也不要讓人覺得都是魅力型領導者的功勞。**
- **裝聾作啞、躲在一旁，讓弱者學會指導弱者。**

這麼想的話，或許我也和橘色惡魔一樣，是個跟水一樣的指導者。不論是咖啡或紅茶、可爾必思或燒酒兌熱水，都必須要有水。而且所有人不論是喝咖啡，或是說自己喜歡喝紅茶的人，也都不會意識到水的存在。

即使如此，我還是認為領導者像水一樣是最好的。可以是沖泡出香醇咖啡的水，或是如果想要有一點個性的話，沸騰得吱吱作響、可以兌燒酒的熱水也很不錯。

而且，我是為人加油打氣的樂隊的領導者，不是被人鼓舞士氣的那一方。是像水一樣，可以因地制宜為大家加油的京都橘。

「橘色惡魔」這個名稱是因為横山教練在電視上這麼說過而變得有名，至於最早是誰想出來的，早已無從考究。

即使如此，橘色惡魔這個說法從那時候開始就一直留在大家的記憶之中，希望大家只要看過、聽過一次〈Sing, Sing, Sing〉，就再也忘不了橘式笑容。一路走來，我都是抱著這樣的期許。

後記

這天的第一首曲子是〈Winter Games〉，一九八八年卡加利冬季奧運會的主題曲。京都橘高中管樂社在定期演奏會中，以這首曲子作為行進表演的序曲已經超過二十年，是我們的固定曲目。

所有社員帶著「橘式笑容」演奏這首由大衛．福斯特（David Walter Foster）創作的輕快節奏。看著每個人臉上燦爛的笑容，令我不禁想起這段時間指導過的將近一千名社員。

下一首曲子是〈想成為風〉[11]。這首曲子是十三年來我和社員們一起打造的演奏會，同時也是我的畢生事業——與中學的聯合音樂會中，一定都會排在最後一首的曲目。

「即使那裡不是天堂，也不是樂園。」聽著社員們大聲唱出我最喜歡的歌詞，眼前的孩子逐漸變得模糊，原來我已溼了眼眶。

11〈想成為風〉：日本音樂團體 THE BOOM 的人氣歌曲。

最後一首是〈Sing, Sing, Sing〉，當然也加上了平常表演的動作和舞蹈，搭配著快節奏的旋律，直接向我襲來。

過去十幾年以來，我不知道聽過多少次這個節奏。這段誕生於音樂教室裡的〈Sing, Sing, Sing〉演奏版本，曾經在大阪城展演廳及幕張展覽館舉辦的全國大賽中，甚至在帕薩迪納市的玫瑰花車遊行中，受到蜂擁而至的觀眾歡迎，獲得無數的掌聲、歡呼與笑容。

但今天的這些演奏和演技，都是專屬於我個人，是大家送給我的禮物。

＊＊＊

二〇一八年三月三十一日，這天是我在京都橘高中服務二十三年來的最後一個上班日。這天傍晚有例行的社團會議，社長到準備室來請我。

「終於到了最後一刻……」

我走進音樂教室，裡面等著我的是橘色惡魔。他們穿的不是平常的運動服，而是正式的隊服。

「謝謝老師多年來的指導！」

伴隨著社長的這番話，開始了只為我個人舉辦的演奏會，這個禮物真是太貴重了。不可思議的是我沒有流眼淚，只是感覺一股暖流從心底竄了上來。

回想過去，往事歷歷在目。一直以來我都期許自己帶給學生的是「只有在京都橘才有的體驗」，而不是「在比賽中獲得好成績」。

因此，我非常努力打造更好的環境，希望讓孩子們更能享受音樂、讓大家帥氣地盡情演出。這麼做的結果，就是一群懂得自己思考並加以行動，藉由演出帶給觀眾許多感動的「橘色惡魔」。

本書的內容都來自我個人的經驗，希望可以給想要培養年輕人自主的讀者一些建議。身處任何人都可以自由選擇各種生活樣態和工作型態的現代社會，如果只是成績好、只懂得乖乖順從大人，這樣的孩子是無法生存下來的。「等待指示的人」不會被這個社會所接受。

這一套以「弱弱指導」為首的指導方法與解決方法，是我經歷嘗試與錯誤所制定而成。身為作者，非常希望這套方法能為孩子處於叛逆期且故意唱反調而不知所措的家長、不知道如何將自己的理念傳達給學生的老師、苦於無法提升活動成績的社團指導老師、不懂得如何與女性員工相處的中間管理階層等讀者，提供解決問題的靈感。

當然也希望「橘色惡魔」的粉絲們因為閱讀本書，對他們有更多了解與喜愛。

卸下三十七年的教職工作之後，我來到京都府舞鶴市這個充滿魅力的港都，展開了全新的事業。在這裡發起一項名為「以管樂振興城鎮」的計畫，和過去的管樂生涯一樣，從事將大家拉在一起的工作。雖然這個目標不是那麼容易達成，但由於這是「自己想做的事」，讓我對這個計畫的未來滿懷期待。

對熱愛管樂的人來說，二〇二〇年是非常不幸的一年。管樂人的最大目標——各種大賽和演奏會都因疫情而停辦，就連管樂合奏或行進練習也不能盡如己意。為了讓大家在疫情期間像過去一樣持續交換各種演奏活動的訊息與知識，我在 Facebook 上開設公開社團「#管樂不要停[12]」，沒想到吸引了廣大的演奏指導者和管樂團成員前來，讓我非常驚訝。為了喜愛管樂的所有人，今後我會持續在這個社團介紹各種形式的管樂，為所有管樂人加油。

最後我想說的是，能夠以指導老師、音樂家的身分走到今天，都要歸功於身邊的所有人。

首先是以管樂為主題的暢銷小說《吹響吧！上低音號》的作者武田綾乃女士。武田女士在執筆期間曾訪問我，也因此促成了本書的出版。

還有從小學到大學這十幾年來，讓我感受到音樂樂趣的松平正守老師及其他所有老師。在我擔任中學老師時，傳授各種教學理念與方法給我、幫助我度過菜鳥時期的各位前輩老師，以及在社團活動中互相切磋的同事們。

在京都橘邀請我進入行進樂隊世界的平松老師、宮老師和橫山老師。還有京都府管樂聯盟的每一位老師、在「三千人的管樂」等各種大型活動中發揮獨特個性的關西地區每一位高中樂隊的指導老師。

以及NPO法人「日美綠色樂團協會」的主理人，也是引薦我們參加玫瑰花車遊行的熊谷讓先生。對他由衷感謝之餘，期許自己日後舉辦更多讓大家對未來充滿期待的活動。

不論時光如何更迭，京都橘的學生和家長們永遠是我最堅強的靠山。非常感謝我的雙親，給了我強健的身體，我對他們的感激無以言喻。

最感激的，是人數多達一千人的橘色惡魔。

如今我已將「馴魔的魔術師」這個工作交接給新的顧問兼城裕老師，相信兼城裕老師今後也會培育出許多橘色惡魔。本書中所敘述的橘色惡魔的故事，也會持續不斷更新。橘色惡魔今後會有怎麼樣的進化，令我非常期待。

京都【京都橘高級中學】行進樂隊

就算我已經結束了「馴魔的魔術師」這份職責，但不管過去、現在，還是未來，我都是橘色惡魔永遠的啦啦隊隊長。

二〇二〇年十二月　田中宏幸

橘色惡魔的弱弱指導法

由弱者指導弱者，才能孕育出不可動搖的堅強實力

オレンジの悪魔は教えずに育てる

作　　者　田中宏幸
照　　片　GBA（Green Band Association）
譯　　者　龔婉如
審　　訂　范家銘
主　　編　鄭悅君
特約編輯　温淑閔
封面設計　Bianco Tsai
內頁設計　張哲榮

發 行 人　王榮文
出版發行　遠流出版事業股份有限公司
地址：臺北市中山區中山北路一段11號13樓
客服電話：02-2571-0297
傳真：02-2571-0197
郵撥：0189456-1
著作權顧問　蕭雄淋律師

初版一刷　2022年10月1日
初版三刷　2022年11月10日
定　　價　新台幣360元（如有缺頁或破損，請寄回更換）
有著作權，侵害必究　Printed in Taiwan

ISBN　978-957-32-9684-3
遠流博識網　www.ylib.com
遠流粉絲團　www.facebook.com/ylibfans
客服信箱　ylib@ylib.com

ORANGE NO AKUMA WA OSHIEZU NI SODATERU
by Hiroyuki Tanaka
Copyright © 2021 Hiroyuki Tanaka
Chinese (in complex character only) translation copyright © 2022 by Yuan-Liou Publishing Co., Ltd.
All rights reserved.
Original Japanese language edition published by Diamond, Inc.
Chinese (in complex character only) translation rights arranged with Diamond, Inc.
through BARDON-CHINESE MEDIA AGENCY.

國家圖書館出版品預行編目（CIP）資料

橘色惡魔的弱弱指導法：由弱者指導弱者，才能孕育出不可動搖的堅強實力 / 田中宏幸著 ; 龔婉如譯.
-- 初版 -- 臺北市：遠流出版事業股份有限公司,
2022.10
240 面 ; 14.8 × 21 公分
譯自 : オレンジの悪魔は教えずに育てる
ISBN 978-957-32-9684-3（平裝）

1.CST: 銅管樂隊 2.CST: 學生社團

524.637 111011695